ぼくの演劇ゼミナール

チェーホフの遊び方／カフカの作り方

松本修
matsumoto osamu

言視舎

ぼくの演劇ゼミナール／目次

第2章　チェーホフの遊び方　063

第3章　カフカの作り方　115

※文末に初出の記載のないものは書き下ろし

第1章

ぼくの演劇ゼミナール

『失踪者』(2013 年、写真/益永葉)

0　前書き

「あいつ、ちょっとハムレットみたいだね」というのが、ハムレット役の俳優へのほめ言葉だと思う。役とそれを演じる人間の距離はそれくらいがいい。「ハムレットそのものだ」というのはちょっと困る。そんなわけないし。「入れ込み過ぎないで、これお芝居だから」とアドバイスしてしまう。ぼくはそういう演出家だ。

＊

「演劇」を大学で教え始めてから、かれこれ十七、八年になる。

今でこそ「戯曲研究」や「演出論」、「演技論」などの講義科目も受け持っているが、初めの数年は実習科目の「演技基礎演習」やら「舞台表現演習」といった履修生にじっさいに役者として演じてもらう授業を主に担当していた。

そのやり方だが、「これが演技の基礎です」というふうに一方的に私の考える演技を教えるということはせず、いわば「ワークショップ形式」のやり方で授業を進めていた。たとえば、戯曲や映画シナリオの断片などを与え、とにかく演じてもらう。最初に「このテキストで表現すべきは」とか「こういうふうに演じてほしい」というような指示はいっさい出さず、好き勝手にやってもらう。同じテキストを複数のグループが演じ、それぞれ発表してもらい、それについて私が講評するというやり方で、時間があるときは受講生が相互に感想を言い合い、それに対してまた私がコメントしたりする。

授業の最初の段階では、教師である私がどういう演技を良しとして、どんな演技を批判するかほとんどの学生はわかっていない。学生の演劇的な出自もバラバラだし、中には演技体験のない者もある。だから、グループの数だけ、いや役者の数だけの違った「演技」を見ることができる。あるひとつの演技のやり方があり、他方でそれとは違った演じ方がある。またそのどちらとも傾向の違う演じ方が発表される場合もある。たとえば、Aというタイプ、Bというタイプ、Cというタイプの三種の演じ方のスタイルがあったとしよう。私は「皆さんはどの演じ方が良いと思いますか?」と問う。

どの演技を良いと思うか?という問いに対して、様々な意見が出る。セリフの内容がとてもよくわかるのでAが良い、とか、いやAの物言いは説明的過ぎて自然さに欠ける、Bの演じ方がナチュラルで良い、とか。いやいや、AもBもなんだか古臭い、まるでエンゲキのセリフみたいで恥ずかしい。Cの演じ方が最初からぶっ飛んでいて、内容はよく伝わらないけど笑わせてくれるから良い、等々。

そんな意見を無責任に言い合うことによって、「演技」というものに対するそれぞれの考え方・感じ方がいかに多様であるかを受講生にまず気付かせること。それがこの授業の趣旨である。で、その上で「皆さん、じつは良い演技、悪い演技というものの定義があるわけではなく、正解もないんですね。演出家が作りたい芝居の方向性によって適した演技のやり方があり、適さない演技があるってことです。ですから、Aでも良いし、Bでも、Cでも良いのです」そんな言い方をずうっとしてきた。じっさい、いまでも初心者向けのワークショップや新入生相手の授業などではこんな具合に「演技」について考える体験をしてもらっている。

しかし、当然といえば当然であるが、私の中には明らかに「演技」についての基準とでもいうべきもの、あるいは好き嫌いがあって、つまり私が作りたい舞台の空間や時間が既に確立していて、それに相応しい演技を求めている。授業中に学生に述べるように「AもBもC

もありますね」みたいな相対的な評価などは存在していない。

何度も私の授業をうけている内に学生たちは段々と気付いてくる。「松本センセイは演技に良し悪しはない、なんて言っているけど、明らかに好きな演技、嫌いな演技があるよね」と。

その通りである。基礎段階の数カ月が過ぎ、やがて実習公演の初日が近付いてくると「ダメ出し」が大声で繰り返される。

「それは止めてくれ！　どうしてもやりたいなら、どこか他所でやってくれよ！」

「頼むからそこ丁寧にやって！」

「なんだ、その喋り方は。オウムじゃないんだから！」

「遅いよ、さっさと動いて、さっさと消えて！」……。

さて、この私の「演技に対する基準」「好きな演技、嫌いな演技」という本音が如何なるプロセスを経て形作られてきたのか、それを記憶を頼りに辿ってみたいと思う。それが今の私の「演技論」であり「演出論」になるだろう。

1　文学座にいた頃　新劇の演技

ある時期、新劇が作ろうとしていたのが「スタンダードな演技」だろう。

私は劇団文学座という老舗の新劇団に役者として足掛け十年いた（一九七九〜一九八八年）。最初に文学座附属演劇研究所というういわゆる養成所に通うのだが、そこで学ぶ演技が、少なくとも文学座が考えるところの「演技の基本」なのだろう。それまで学生劇団で無手勝流のアングラもどきの演技をやっていた身としては、「ああ、なるほどこれが演技の基本というものか」と、それが習得できていたかどうかは別として、教えられることが新鮮で説得力があり、妙に納得したものである。

「自然な物言い」「自然な振る舞い」をせよということが最初に叩き込まれた。教える先生（文学座の演出家や俳優）によって、若干の違いはあるものの、どの先生も「自然な演技」を指導する。私がもっとも言われたダメ出しが「不自然だ」である。普通の人間はそんな物言いはしない。普通はそんなふうには歩かないし、そんなに目をむいた表情はしないと。

先生の一人に「文学座の芝居づくりの理念はリアリズムなんですね?」と聞くと、「うーん、必ずしもリアリズムとは言えない作品もあるが、ま、しいて言えばナチュラリズムかな」との答え。なんとなく納得してしまった記憶がある。

劇団の研究生として実習公演(発表会)を重ね、やがて本公演やアトリエ公演等の劇団公演に参加するようになってくると、同じ文学座の中でも、役者の演技の質がそれぞれ微妙に、いやずいぶんと違っていることに気付いてくる。よく見ると、とても自然な演技をする役者と、意識的なのか無意識なのか、どう見てもあまり自然じゃない演技の役者が混じっている。ただ、そのあまり自然じゃない役者、必ずしも劇団内の評価が低いわけではない。人気の高いベテランだったりする。そして、ここには自然か不自然かという尺度ではない別の価値基準があることに気付く。「上手《うま》い」「下手《へた》」である。

本来「自然な演技」を目指しているのであれば、そこに「上手い」とか「下手」とかいう物差しを持ち込むのはおかしいはずである。人間の自然な物言いや振る舞いに上手いも下手もない。「上手い」「下手」は表現についての評価である。あの役者、別れ際のあの台詞と表情、そして去って行く歩き方がじつに「上手い!」とこうなる。その場面をただ自然に演じたとしても「上手い！」という評価を得るわけではない。

今でも鮮烈に覚えている光景がある。一九八二年、三越劇場。文学座四十五周年記念公演の演目のひとつ『蛍』（作／久保田万太郎）のゲネプロの時、私は演出家席の真後ろ当たりの客席で観ていた。ある台詞を主演の杉村春子が言いきった。私は「ああ、上手いなあ」と思った。ほぼ同時に演出の戌井市郎が「うまいっ！」と声を発した。まるで歌舞伎の大向こうの掛け声のような「うまいっ！」であった。

文学座という劇団の中には「自然に」という基本があり、その先に「上手い」という表現上の価値観があるのだな、そんなことを考え始めた。

その当時、他の劇団に関してはどう観ていたのだろう。新劇団については、私が観たのは俳優座、民藝、演劇集団円、青年座、木山事務所あたりの芝居である。それぞれ文学座と同じように表向きは「自然な演技」を目指し、「リアリズム演劇の確立」を標榜しているところもある。

驚いたことに「新劇」と一口で言っても、なんと演技の質が違うことか。それぞれの劇団の色というのが明確にあり、一応その劇団や作品の目指すところに最もふさわしい演技が舞台上に展開されているのだろうが、どの劇団にも共通しているのは「説明的な物言い」と「伝えたいことを強調する物言い」だった。

なるほどこれが「新劇口調」というものかと納得した次第。学生劇団の時、先輩たちが口癖のように「それじゃまるでシンゲキの芝居だよ」と批判的に言っていた。「心理・情感」の説明、「主義・主張」を伝えるための思い入れたっぷりのセリフ回しなどが多々見受けられ、なんだ、ちっともナチュラルじゃないし、リアルでもないじゃないか。ちなみにこの頃まで、私はリアリズム演劇とは「わざとらしさを排したリアルな演技とリアルな時間・空間を表現する演劇」というふうに思っていた。どうもそういうことではないらしい。表現の仕方ではなく戯曲のテーマ（主義・主張）こそがリアリズム演劇の本質なのであった。

自分の所属する文学座との比較でいえば、演劇集団円の舞台だけが文学座に近いものを感じた。円の創立メンバーはほとんどが元文学座員なのだから当然といえば当然だが。他の劇団は、今でもごくたまに観劇することがあるが、今では「シンゲキ臭さ」に辟易するということはない。それに慣れてしまったことと、何か遺物といおうか生きている化石を見学するつもりになれば、それはそれで面白い。日本の現代演劇の歴史を知るには演劇史の研究書を読むのもいいが、「新劇」の生に触れるのが一番いい。

当初、私が新鮮に感じた「自然な演技」これは作られたものなのであった。自然に聞こえるように、自然に見えるようにいくら訓練しても、それを繰り返すうちに必ずそれは「自然」そのものではなく、「自然風にコントロールされた声と身体」となる。それをベースにして俳優は、音程を変えたり、テンポを工夫したり、誇張を混ぜたりする。自然のままでは、演じていても、観ていても、物足りないと考えるからだ。劇団によって「芝居臭さ」や「わざとらしさ」の程度の違いがあり、それが許容される範囲は劇団によって違っているようだ。

【まとめ】

演技のスタンダードづくりに一番、熱心だったと思われる「新劇」では、その劇団の主義や思想によって、それぞれのスタンダードが作られていった。ただ、全新劇団で共有できる共通の「標準」というものは、作ることができなかった。今後もそれは不可能だろう。

2　最初のワークショップ

一九八七年に『会社の人事』という舞台を作った。私の初演出作品である。文学座以外の役者たちと話していて、劇団の枠を超えて同世代で芝居を作ろうということになった。文学座などは創立されてから五十年もたち、一九六〇年代に出現した「アングラ劇団」（唐十郎、鈴木忠志、蜷川幸雄、寺山修司、佐藤信、太田省吾、金杉忠男らの劇団）も創立から三十年近く経っている。小劇場演劇第二世代と称されたつかこうへい、山﨑哲、竹内銃一郎、生田萬らの集団も私には最盛期を過ぎたように思えた。

それぞれの劇団に属しながらも互いの芝居を観ては、ああだこうだと言い合ううちに、何か上の世代のやり方ではない、自分たちのやり方で芝居を作れないだろうかという話になった。ほぼ同世代には、野田秀樹、渡辺えり子、鴻上尚史、如月小春ら、小劇場演劇第三世代と呼ばれていた演劇人がいたが、彼らとも一線を画したかった。

色々あってひょんなことから、演出は私が担当することになり、これ以降、私は演出を専らとすることになる。この『会社の人事』という芝居の成立過程について演劇専門誌に書いたことがある。

ワークショップを用いての芝居作りを二十年前の初演出の時からやっている。始めた当初は、それをワークショップとは呼んではいなかった。日本の演劇界でもまだワークショップという言葉はあまり使われていなかったように記憶する。

初めて演出をしようとした時に、台本の作者からもらったのが十数枚のプリントで、読み合わせをしたら、三十分足らずで終わってしまって、役者たちも、私もなんだか呆然としてしまった。まあ、三十分で終わってしまう舞台があってもいいわけだが、その戯曲はそれほど凝縮されたものには思えず、とりあえず稽古は中止。作者に会いに行くと、これ以上は書けないという。その戯曲というかプリントを前にして数日考えたが、良いアイディアも浮かばないまま、再び役者たちと集まった。

とりあえず稽古場で、この戯曲のどこが問題なのかを役者たちに語ってもらうことにした。それぞれ好き勝手に「こんなものをやって何の意味があるのか」とか「私がやりたい芝居は……」とか。ある役者はじっさいに台詞を声に出して「こんな台詞、とても言えない」と言い、別の役者は「この台詞は、こんな物言いじゃなく、たとえばこういうふうにすれば……」と別の言い回しをしてみせる。「話し合っても無駄だよ。飲みに行こう」という者もいる。

私は少し離れてその様子をじっと観ていた。面白い、これを舞台に上げよう、と思った。試しに稽古場の明かりを暗くして、持ってきていたカセットテープの音楽を小さな音量で流してみる。役者たちには「そのまま、好きに話し続けてみて」と言って。まるでチェーホフの登場人物たちのおしゃべりのように見えた。

いかにも台詞然とした言い回しも、引用として用いられれば、つまりそれを対象化する意識が役者にあれば気にならない。一見陳腐な物語も、劇の構造を工夫すれば別の物語になる。様々なことを試みた。それぞれの芝居のやり方を互いに批評しあう。長年やり慣れた芝居の仕方など一朝一夕には変えられないのを承知の上で、あえて違う演じ方をさせてみる。自分流のやり方に集中できないように音楽や身体運動を用いたり、役を頻繁に入れ替えたり。放っておけば、どんどん「お芝居」にしてしまおうとする役者の性質を邪魔したり、逆に利用したり。こうして、私の初演出作品『会社の人事』（八七年、T2スタジオ）が作られた。

その後、既成の戯曲を再構成して上演する際にも、小説を舞台化する際にも、この方法を用いた。ワークショップは舞台で必要とされる演技のスタイルを見つけるためであり、場面作りのためであり、全体の構成や空間作りのためになされる。

劇団が明確な芸術方針を持ち、その実現のために必要な演技の体系があり、それを体得している役者たちがいれば、少なくとも演技のためのワークショップは不要である。そもそものような集団を劇団と呼ぶのだと思う。私は様々な理由で、固定メンバーを持たないでやってきた。だから、ワークショップが必要だった。（後略）

（『シアターアーツ』二〇〇八年春号）

「演技」そのものとは直接は関係ない「芝居の作り方＝演出」について述べているように思われるかもしれないので補足する。

「ワークショップは舞台で必要とされる演技のスタイルを見つけるため」とあるが、もっとわかりやすく言うと、「共通の演じ方をするための準備運動」とでも言ったところだ。つまり、そこに集まった俳優たちの演技のスタイルがてんでバラバラで芝居として成立しなかったのである。じっさいに台詞の言い方があまりに違っていて、ほぼ外国人がそれぞれの国の言語で喋っているに等しいと感じた。ごく日常的にナチュラルに発語する者。ある種の節をつけ、歌っているように台詞を言う者。相手役との距離がとれない者。相手役とのやり取りなのにダイアローグ（対話）になっておらず、モノローグ（独り言）に聞こえる者、等々。「現代口語演劇」の日常会話を得意とする現代の俳優たちからは想像ができないほど、「下手に見える」俳優たち。ただ、それぞれが属する劇団においてはけっして下手なわけではなく、むしろ常に良い役を演じていてその劇団では「上手く見える」俳優たち。

稽古の休憩時間や終了後の居酒屋では、普通の人間同士の会話を自然にしているのに、台詞を言うとなると「まるでセリフのよう」になってしまう者たち。彼らに向かって私はまずは日常的に喋ってみて、と言う。

ある役者は「いや、演劇とは非日常の虚構を作ることなんだから、ただ我々がいつもしゃべるように喋ってもダメなんじゃないか？」と抵抗する。しかし私は「いやいや、そもそも書かれた台詞、それ自体がその時点ですでに虚構なんだし、こうやって稽古場で稽古してるのも虚構、つまりごっこ遊びなんだよ。だから、声とか物言いくらいは作り込まずにやってみようよ」と返す。

そんな作業を繰り返しながら出来上がった『会社の人事』という舞台、結局そのやり方が私の芝居作り（演出方法）のひな型になった。

【まとめ】

つまり、我々の周りにはスタンダード（規範）がなかったのだ。それぞれの出身劇団で身に付けた当人にとっては「標準」の演技が、他の劇団出身の者には「規範」にならない。それでもなんとか「共通の演じ方」を見つけないと妙な芝居になる、と強く思った。その当時、すでにあちこちの劇場で上演されていたプロデュース公演。出自の全く違った俳優たちがそれぞれのやり方のままで入り混じっている舞台に、私は強い違和感を持ったのだ。

今から考えると私は「スタンダードな演技」を見つけたい、創り出したいと考えていたのだろうか？

3　MODEを始める

一九八七年の初演出の後、文学座の有志たちと作っていた「ちかまつ芝居」というグループで、二つ作品を作った。一つは近松門左衛門の心中物とルイ・マルやトリュフォーの映画シナリオの断片を用いた『夏のエチュード』、もう一つはチェーホフの『かもめ』や『ワーニャ伯父さん』などの戯曲の断片や漫画『ガラスの仮面』などを用いて構成した『秋のエチュード』である。両作品とも、前章で述べたようなワークショップの手法を用いた。出演者は文学座の俳優何人かと、前述した小劇場の面々。これらの作品を作る間に、私自身は俳優を続けるより演出することに愉しみを抱くようになっていった。文学座の俳優の中でちっとも「上手く」なれない自分の演技について悶々としているのに比べ、演出プランや配役を考えたり、稽古方法を工夫するのがじつに楽しかった。

何の当てもないまま、演出を本業にしようと意を決して一九八八年に文学座を辞めた。板橋区小竹向原に稽古場を持ち、一九八九年に演劇集団MODEという固定の劇団員を持たないカンパニーを旗揚げした。
チェーホフ戯曲を今度は断片ではなく、ひと作品丸ごと、ワークショップの方法を用いて一度解体し、その時々の「現在進行形のテーマ」を見つけ、日本の現代劇として再構成することを目指した。演劇的なテーマ（やってみたい演出方法や演技スタイル）や時事的な物語のテーマ（現代ネタ）をチェーホフ作品に注ぎ込んだのである。

一九八九〜一九九〇年の最初の二年でチェーホフを題材にした五作品を作った。

■『逃げ去る恋』（『三人姉妹』より）
■『言いだしかねて』（『桜の園』より）
■『会社の人事——素敵なあなた』（『イワーノフ』『プラトーノフ』より）
■『あなたはしっかり私のもの』（『かもめ』より）
■『ぼくの伯父さん』（『ワーニャ伯父さん』より）

さらに、もう一本、ベケットの『ゴドーを待ちながら』をやはりワークショップで解体・再構成して『待ちましょう』というタイトルで上演している。

これらの創作にはこれまで以上に多様な俳優が参加した。DA・M、中村座、上海劇場、第三エロチカ、燐光群、遊◎機械／全自動シアターなどの小劇場の俳優たち、それから文学座の養成所を出た後フリーで演劇活動をしていた俳優たち。結果的により多くの「違う演じ方」に出会うこととなり、「共通の演じ方」を見つけようと、ひたすらワークショップを続けた。

MODEではこれまでのワークショップで色々試みてきたことを意識的に「方法化」しようとした。重視したのは「演じてない時の身体の状態」そして「演じてない時の物言い」である。つまり、稽古が始まる前に俳優たちが雑談などをしている。この時はまだ芝居を始めていないので、当然、日常的な自然さで話したり、聞いたり、動いたりしている。「演技モード」にまだギアを入れていない状態。大事なのは、この時の自分の身体の状態や声の出し方をしっかり意識することだ。我々は普通生活をしている時には自分の身体の状態やどんな声を出しているかなどほとんど意識していない。でも、私はあえてそれを俳優たちに意識して

『逃げ去る恋』（1989 年、写真／田中和彦）

もらおうとしたのだった。何のために?

自分の「演技」はどういうタイプの演技なのか? 自分の「演技」はどの程度の「フィクション濃度」を有しているのか? それを俳優に自覚してもらいたいと思ったのだ。そのために、「演じていない時の自分の心身状態」を記憶してもらい、それを「基準」として、演じている時の自分を客観視し、コントロールしてもらいたい、と。

よく、こう言われてきた。芝居をするに当たっては「日常性から離れ、気持ちを切り替え、集中せよ」と。「演技」というのは、我々の普段の生活とは一線を画した「非日常的なる行為」であるからだ、と。なるほどその通りかもしれない。

しかし、この時の「演技のギア」の入れ方が、俳優によってそれぞれバラバラなのだ。入れ込んで成りきって、フィクション100%で役作りする者があれば、日常にも半分足を掛けたまま役にも入っているというフィクション濃度が50%くらいの者もあるだろう。また、ほとんど役作りなどしないが芝居のしどころでスッと役に入り、またすぐに素に戻る者もあろう。つまり、ここで「フィクション濃度の違い」=「演じ方の違い」がすでに派生しているわけだ。

それぞれの俳優が身に付けてきた演技方法の違いがそれに加味されると、それはもう大した違いが生じるのは当然のことだ。


「力み」「こわばり」「上ずり」が顕著になる者、声の音程が一オクターブも上る者、目玉が大きくなる者、体が斜めになる者、腰の位置が上る者下がる者、様々な「症状」が出てくる。これらは普通、演技にとってのマイナスの要素として矯正させられるが、私に言わせればもったいない。これらの「身体や声の変化」を俳優がしっかり自覚的に意識できれば、演ずる時の重要な「技術」となりうるのだ。

自分自身をコントロールできるようになれば、それらを使いこなせることになる。駄目なのは「無意識・無自覚」である。「無意識・無自覚」では使い物にはならない。たいていの「下手な役者」はそれができない、自分のクセや個性に「無意識・無自覚」な人。ちなみに私が俳優として大成しなかったのは、まさにそうだったからで、私は自分自身をコントロールできなかった。人のことなら、とてもよくわかるのに、まことに残念なことである。

【まとめ】

私が繰り返し言いたいのは、「演じ方の違い」「演技の質の違い」がとても気になるということなのだ。同じ土俵（リング）に上がっていながら、違うやり方で闘っているまるで「異種格闘技」のようなプロデュース公演が多過ぎやしないか。日本にはそんな舞台がたくさんある。新劇、アングラ演劇、八〇年代小劇場、テレビ・ドラマ、アイドル歌手、宝塚、歌舞伎、新派、狂言、等々。それぞれ出身が違う俳優たちが一つの舞台を作る。それも、短期間の稽古で。それにいったい何の価値があるのだろうか。私にはまったくわからない。

しかし、この「演じ方の違い」、私は気になるのだが、気にならない人はまったく気にならないらしい。だから、量産されるのだろう。

4　スタニスラフスキー

じつは「演技モード」に入った状態というのは意外と意識しやすいものだ。たいていが「さ、演じよう」と思って舞台に上がっているからだ。つまり意識して演じようとする。ある人は「気合を入れて」、ある人は「自然にやろう」と思いながら。

ただ、稽古や本番を何度も体験するうちに、演ずる身体と心の状態に関して、鈍感になっていく。いわゆる慣れというもので、そんなにドキドキしたりせずに、芝居ができるようになる。では、慣れてきたから、「自然な心身の状態」で演じられるかというと、それはそうはいかない。「演じる」つまり「意識して身体や声を作る」ということに慣れてきたということであって、けっして「自然な心身の状態」ではない。だから、「力んで台詞を言う」とか「歌うように台詞を言う」とか「感情が籠っているように台詞を言う」等々の「演技」、すなわち俳優が当初は意識的にやっていたことが、今や「癖や性向」として、無意識に繰り返されることになってしまうのだ。

例えばスタニスラフスキーは、人が演技している時の「力み」「こわばり」「上ずり」をなくすことを提唱した。それらが演技の障害物であり、それらを取り除くことが「自然な演技」や「良い演技」をするための最初の一歩であると。リー・ストラスバーグのアクターズ・スタジオの「メソッド演技」の基本もこれである。これを訓練によって取り除こうというのが、スタニスラフスキー・システムの重要な教えの柱である。

「取り除ける」ということは、訓練を要するとはいえ、その身体に起こった現象を自分で「意識」するということだ。「演技」というものを偶然の産物や無意識のルーチン・ワークとせず、「つねに意識的にコントロールされたものとしましょう」ということだろう。


ただ、私はスタニスラフスキー・システムの活用は日本ではなかなか難しいような気がする。訓練自体は可能だろうが、その成果を活かす現場がほとんどないと言っても過言ではないからだ。そもそもメソッドというものはどんなメソッドであれ、そのメソッドを活かして演出してくれる現場があって初めて有効になるものだ。たとえば、「鈴木メソッド」を使って演出できるのは鈴木忠志かそのシステムで育った演出家たちだけなのである。もちろん、その芝居作りの現場にいる俳優が全員そのメソッドを体得していなければならない。

スタニスラフスキー・システムは、少なくとも日本の演劇や映像の現場には相応しくない。力が抜けているかどうか、それを時間をかけてチェックしてくれる演出家や監督はほとんどいないし、たとえ緊張している俳優がいた場合でもその緊張を取り除くためのリラックス・タイムを設けてくれる現場などない。「力が入ってるよ！」と皆の前で大声で罵倒され、余計に固くなってしまう、といった現場が多いのではないか。

そんな時、私は時間のかかる「演じている時に生じる力を抜く訓練」で「力み」や「こわばり」を取り除こうとするのではなく、普段から「演じていない時の心身の状態を意識する」ことによって、「気合を入れない演技」を基本《ベース》とすることを俳優たちに推奨する。

たとえば、ある場面（男女の会話）を稽古している時、いかにもセリフセリフしていて不自然に聞こえる。そんな時、芝居を止めて「ちょっとセリフから離れてみよう。君たち今朝、朝ごはん何を食べたかを喋ってみて」と指示を出す。すると二人はまあ普通に喋り始める。声も張らず、妙な抑揚も付けずに。「演技」ではないから当然と言えば当然なのだが。

数分間喋ってもらった後、今度は「では、今の声の大きさ、今の喋り方で、先ほどの会話のやり取りをやってみて」と指示する。すると、たいてい先ほどとは違う「自然な会話」となる。前のように芝居がかったセリフに戻ってしまうようなら、もう一度同じことを繰り返す。それでもまた、戻ってしまったらまた「普通に喋らせる」。何度でも繰り返す。そのうち演技は必ず変わってゆく。私はこのやり方をよく試す。俳優にもよるが、かなりの確率で演技は変化し、共通の演技を探すことに役立つのだ。

ただ、劇によっては自然な会話が求められるとは限らない。日常会話で物語が進行する劇なら、このやり方でほぼいけるのだが、演劇の台詞にはまさに「芝居がかった物言い」から「王侯貴族の処刑間際の会話」「最下層の貧民が酔っぱらっている会話」あるいは「天使や悪魔」などこの世ならざる者の言葉まで、自然さではやれないものが沢山ある。

その場合は、その「自然ではない状況」になった時点から「お芝居」を始めればいい。あるいは「普通じゃない人物」の「普通じゃない物言い」を意識的にやればいい。いきなり、「演技モード」にギアを入れて、芝居を始めてしまわないことが大事だと思う。

結局、MODEのワークショップでやっていたことは、今距離をおいて検証してみれば、スタニスラフスキー・システムの「力んでいない状態」を作り出すというやり方とほぼ同じ目的、同じ方法論であるのかもしれない。

【まとめ】

私はスタニスラフスキー・システムの訓練方法は、興味があり、効能があると確信できるのであれば、やるのが良いと思う。ただ、スタニスラフスキー・システムで教育された俳優の演技が必ずしも良いとは思わないのだ。外国人の演技については自分の判断・評価が的を射ているかどうか自信がない。ただ、日本人あるいは日本語を喋る俳優の演技に対しては一家言ある。スタニスラフスキー・システムを学んできた俳優の演技の「わざとらしさ」「不自然さ」を長年にわたり、多く目撃している。とくに本場で学んできた人にその傾向は顕著である。本人の演技もそうであるし、その人の指導を受けた弟子の俳優たちの演技も、私には良い演技だと思えない。日本人として不自然なのだ。また、スタニスラフスキー・システムを学んで、なるほど「自然な演技」かもしれないが、ちっとも「面白くない」俳優というのも知っている。面白くもない人がいかに自然であろうと、舞台には要らない。それならば、むしろ不自然な俳優のほうを観たい。不自然な人というのは面白い。つまり、私の演劇観はここに尽きるのかもしれない。

面白ければ良い！

5　演技のスタンダードを考える

旗揚げからの2年間でチェーホフの四大戯曲に一通り当たってみたので、一九九一年からは他の作家の作品を題材にしてみた。これまでと同様、戯曲や小説を使ってワークショップをやってみて、これは劇になるなと思った箇所を構成して舞台化した。原作をほぼ丸ごと翻案した作品も生まれた。一九九五年までの五年間は、これら新作とそれまでに創作した作品を改訂し再演した。それ以外は市民や学生対象の初心者向けのワークショップや地方公演であちこち飛び回っていた。主な舞台を列挙する。

一九九一年　『きみのともだち』（T・ウィリアムズ『ガラスの動物園』より）
『今宵限りは』（デュマ・フュス『椿姫』より）。
再演（『逃げ去る恋』、『言いだしかねて』）

一九九二年　『わたしが子どもだったころ』（T・ワイルダー『わが町』より）
　　　　　　『魚の祭』（柳美里書下ろし戯曲）など。
一九九三年　再演（『魚の祭』、『きみのともだち』）
一九九四年　『ぼくのイソップものがたり』（『イソップ物語』より）
　　　　　　『旅路の果て』（チェーホフの四大戯曲から構成）など。
一九九五年　『窓からあなたが見える…わが町・池袋…』（平田オリザ書下ろし）
　　　　　　再演（『旅路の果て』）と『わたしが子どもだったころ』全国ツアー

　MODEは休みなく、常に稽古と公演を繰り返していた。演劇界には八〇年代末のバブル経済の余熱があり、芸術文化振興基金という官主導の助成金、民間のセゾン文化財団の助成金の両方の恩恵に浴することができ、我々小劇場の集団にとっては良き時代であった。

　このまま次々と公演活動を展開していくという道もあったのだが、ハード・スケジュールにいささか疲れたこともあり、創作する演劇の方向性について少し考えてみたいと思い、一九九六年、一年間活動を休止し、ロシア・東欧に研修旅行に出ることにした。私がずっと心惹かれてきたロシアや東欧の地の風物や芸術に現地で触れてみたいと思ったのだ。

以下はそのロシア・東欧紀行から帰国した一九九六年秋に、新聞に寄稿した文章である。

「演劇におけるスタンダード……なぜ日本にはそれがないのか……」

しばらく稽古場から離れ、外側から演劇を眺めてみようと、この春から、ロシア、ウクライナ、ルーマニア、チェコ、ハンガリーなどにいて、先日帰ってきた。話題の舞台や評判の演出家の新作にも出会ったが、ほとんどの日々を、町のあちこちにある普通の劇場で、おそらくちっとも斬新ではないという理由から日本では紹介されないレパートリー作品を観て過ごした。毎日のように平然とやられている「普通の劇」を観て、次のようなことを考えた。

日本の現代演劇には、正統的なもの、規範的なもの、つまり「スタンダード」がない（それが不幸なことなのかどうかの議論はさて置く）。「新劇」はそれを作ろうとして七〇年やってきたが、ついにできなかった、のだと思う。ただ、日本の演劇が近代以降多大な影響を受けている西洋演劇にはそれがある。イギリスにもフランスにもロシアにも厳然としてスタンダードがある。たとえば、スタンダードな演技ができる俳優たち――あちらでは、スタンダードができるから俳優と呼ばれるのだろうが、日本ではそうではない――によって演じられた『夏の夜の夢』と、スタンダードが存在しない日本で演技の方法を異にする俳優たちの混成で上演された『夏の夜の夢』を、同列に論じることは可能なのだろうか？

たとえば、スタンダードを持つヨーロッパ圏の劇場（劇団）で仕事をしてきた演出家が、日本の寄せ集めの俳優たちで構成されるカンパニーを演出することに何か積極的な意義や演劇的価値はあるのだろうか？

まして演劇にとって根元的な要素である言語を理解できないままに……。

日本の現代劇の「弱さ」は規範となるスタンダードな演技方法を持たないからだという意見がある。西洋演劇との比較では、確かにそうかもしれないが、我々が規範を持てなかったのは事実なのだから、そのことを直視し、何故それが確立しなかったのかを、アングラ・ムーブメントや小劇場ブームを通過した今こそ検証すべき時なのではないだろうか。

しかし、そもそもスタンダードは必要なのだろうか？　我々はやはり西洋演劇の成立の仕方を規範とすべきなのか？　相変わらず西洋人の力を借りるしかないと考えている演劇人がまだ山のようにいる。あれはあれでいいのだろうか？

スタンダードというものは、あらかじめその確立を目論んで作られたものではなく、その時代の「多く」の人々が最もリアリティを感じた表現をそう呼ぶのだろう。すると、日本では新劇もアングラも小劇場も、結局のところ「多く」の人々に支持されたことはかつて一度もなかったのだから（とあえていおう。世の中の圧倒的多くの人は演劇を観ないで暮らしている）、我々はまだスタンダードを論ずる段階ですらないのかもしれない。個々の演劇の流派が「我々のやり方こそがスタンダードになる」と競って、生き残った方法が日本のスタンダードと呼ばれるのか、はたまたスタンダードはこの日本においては成立しないと腹を括り、西洋とは全く違った独自の演劇界の構図をつくるのか……。

ロシア・東欧に行き、楽しい時間を過ごしたのだが、何か厄介な課題に向き合う羽目になってしまったような気がする。

（一九九六年十月二十九日　毎日新聞）

【まとめ】

ここで述べていることは、基本的に現在の私の認識と一致している。今でも「演技」のことを考えると、同じような思考をしてしまう。文の最後に「何か厄介な課題に向き合う羽目になってしまった気がする」とあるが、それからの二十年間、私はその課題にどう向き合ったのだろうか？

6 地域演劇、公共劇場

一九九六年にロシア・東欧で劇場を巡ったり、少しの間だが日本の演劇界から距離を取ってみて考えたのは、何か違った芝居の作り方ができないものかな、ということだった。

海外に行って、題材的に何か見知らぬものに出会ったとか、演出のやり方でひどく影響を受けたとかは、ほとんどなかったのだが、彼の地の劇場＝劇のあり方がとても羨ましかった。とにかく街を歩いているとひょいとそこに劇場があり、外国人である私でも知っている古典劇や近代劇がレパートリーとして上演されている。もちろん見知らぬ作家の新作も目にする。斬新な演出も、オーソドックスな演出も、ルーチンと化したかなりしょうもない演出も、声高な呼び込みとか宣伝もなく、日々平然と淡々とやられている。

凡庸な出来の舞台にもけっこう出くわしたが、それらを観てもなぜか日本にいる時のように腹が立たなかった。終演後、劇場のロビーでワインやウォッカをやりながら、「ああ、日本の演劇人はこういう演出を何十年も前にここロシアやヨーロッパで観て、影響を受け、そしていまだにその影響から抜け出せずにいるのだなあ」と感慨に耽った。それは「偉そうに新劇的演技の批判をしている私自身も同じなんだろうな」という感慨でもあった。一杯引っかけてから帰宅するのだろう、先ほどまで舞台で色男を演じていたベテラン俳優がカウンターの端から、珍しい東洋人である私を見つけて、ウィンクしてくる。ああ、先ほどの演技は決して過剰なのではなく、彼の素のまま、「自然」な演技なのだなと納得する。

さて、一九九六年の秋から、それまでとちょっと違った環境での芝居作りが始まった。これまではとりあえず公演する劇場を押さえたら、自前の稽古場であるアトリエMODEに役者たちを招集する。公演の二、三カ月前だろうか。これをやってみたいのだがとテキスト（戯曲や小説の断片、新聞記事の切り抜き等）のコピーを配って、俳優たちにいきなり演じてもらう。そして、ああだこうだ言い合う。それを繰り返している内にいつの間にか新作の稽古になっていく。

一九九六年に北海道演劇財団が設立されることになり、私はその立ち上げの手伝いをさせてもらった。準備段階として前年の九五年に、札幌の俳優を中心にオールコットの『若草物語』を明治の日本に翻案した舞台を作っており、その流れで九七年初頭に北村想の『想稿・銀河鉄道の夜』に少し手を入れた『銀河鉄道の夜』を上演した。

そして一九九七年には世田谷パブリックシアターがオープンした。私は芸術監督の佐藤信氏の方針の下、芝居を作ったり、市民や高校生向けのワークショップをやったり、海外戯曲をリーディング公演という形で紹介する、アソシエイト・ディレクターというものになった。そこで作った主な作品には以下のものがある。

一九九八年　『プラトーノフ』(原作／チェーホフ)
　　　　　　『ふしぎの国のアリス』(原作／ルイス・キャロル、脚本／宮沢章夫)
一九九九年　『ガリレオの生涯』(作／ブレヒト)
　　　　　　『夢の女』(作／松田正隆)
二〇〇〇年　『三人姉妹』(原作／チェーホフ、脚本／筒井ともみ)
　　　　　　『幸せな日々』『芝居』(作／ベケット)
二〇〇一年　『ワーニャ伯父さん』(作／チェーホフ)、などさて、これまでと違ったタイプの創作の現場に関わるようになって、私は「演技のスタンダード」についてどのように考え、具体的にどんな作業をしたのか？

新たな現場でも、「ワークショップで作品を作っていく」というやり方を試みた。まず、それぞれの「演じ方の違い」を認識し、少なくとも自分のやっている演技に対して意識的になることを求めた。しかし、地域演劇の現場でも、公共劇場の稽古場でも、それはなかなか実現できなかった。何度も試みたが、上手くできなかった。その理由は？

まず、そこに集まった俳優たちの多くは互いの「演技の質の違い」などには無関心だった。だから、それは現場の「テーマ」にはならなかった。

「地域演劇」の場合は、その地域特有の演劇的環境（多くは演出家や先輩俳優の傾向《くせ》に影響されている）に疑問を抱いたりしていない者が多いし、東京の「公共劇場」のプロデュース公演の場合は、その「芝居の作り方＝演出家の方針」に共感するかどうかで出演が決まるわけではなく、その役者に合った「良い役」があるかどうか、あるいは自分の「個性」を活かしてくれるかどうか、それが基準で配役が決まるのだ。

そもそも、ワークショップで作っていく私のやり方の場合、基本的に最初の段階では「ホン」（台本）はない。原作はあるのだが、それしかない。台詞や動きをこれから稽古場で一緒に作っていくというような「海のものとも、山のものともわからない」そんな企画に出てくれるような「プロフェッショナル」はほぼ存在しない。「出来上がったホン」を検討して、出演が決まるのだ。「ホンがなければ始まらない」という世界。

それに対して、別のやり方を探してみようという私のやり方が理解されるはずもない。MODEではやれた「共通の演技方法づくり」も、そしてそれを活かした「台詞づくり」も「場面づくり」もできなかった。何とも残念なことだった。

【まとめ】

「ワークショップで作る」ということに拘れば、この時期はその「空白期」といえる。MODEでの方法論は、「地域演劇」でも「公共劇場プロデュース公演」でも使えなかった。稽古のごく初期の段階でワークショップ的なことを取り入れたが、ウォーミングアップ程度にしかならなかった。結局のところ、公演のために書かれた台本を用い、俳優は台詞を覚えてから稽古するという、従来からある芝居の作り方。せっかく「これまでにないタイプの現場」での芝居作りだったのに、やり方はこれまで通り。

「地域演劇」や「公共劇場」の合間に企画したＭＯＤＥ公演の時はせめて思いっきり、ダラダラと非効率なワークショップをやり続けよう、そう思ったのだが、そうもいかなかった。私も出演者たちもなんだか皆それぞれに忙しくなっていて、時間の余裕が持てなかった。じっくり時間をかけてワークショップをやり、かつ生活にも困らない、そういう条件が整う次なる時期を待つしかないのか。私は四十代の半ばになっていた。

7 再びワークショップを

世田谷パブリックシアターでは一九九七〜二〇〇一年までの五年間、様々な演劇関係の仕事をやらせてもらったが、中でも最も刺激的で楽しかったのは劇場内部で「演出家のワークショップ」と呼んでいたものだ。演出家が一緒に稽古をしてみたい俳優やちょっと気になる俳優を選び出し、劇場が声を掛ける。「プロの俳優のブラッシュ・アップを」とかいうような名目を掲げていたのではなかったか。そんな何をやるのかわからない企画に興味を持ち、都合がついた俳優が稽古場に集まり、ワークショップをする。

上演を目的としない。それまでに組んだことのある俳優もいるし、初めて顔を合わせる俳優もいる。二十歳前後の若手から、六十代のベテランまで。出自はもうバラバラ。発見の会に始まり、状況劇場、天井棧敷、早稲田小劇場、自由劇場、黒テント、転形劇場、つかこうへい事務所、演劇団、転位21、秘法零番館、第三エロチカ、燐光群などのアングラ小劇場系、文学座、円、民芸、俳優座などの新劇系、そして有名無名の若い小劇場、いわゆる事務所所属の俳優、芸人、タレントたち。様々な出身の俳優たちが参集した。

期間は、一年に一回、たしか五日間から一週間くらい。内容は、シアター・ゲームを小一時間。その後、私が用意した短いテキストを手渡して、すぐに演じてもらう。R・D・レインの詩、ブレヒトの詩、ゴダールの映画シナリオなどを基にして、相手役を換えながら短いシーンづくり。あとはフリー・トーク。自己紹介を兼ねて、たった今演じたテキストについて、今の自分の演じ方について、他のグループの演技について、とりとめのない話をして終了。五、六時間だろうか。

同じ劇場の「贅沢なキャスティングのプロデュース公演」の稽古場では叶わなかった「私のやりたいワークショップ」が、ここでは適度の緊張感を保ちながらも、のん気な雰囲気の中に実現した。ひとつには上演を目指さない、無目的な集まりだったのが、良かったのだろう。

一応、対外的には「ブラッシュ・アップ」などと言っていたが、まあ、磨きをかけるというより、錆び落としと言ったほうがいいかもしれない。身に付いてしまってなかなか消せない「演技の癖」みたいなものを落とす、というよりもちょいと意識してみる。「俺って、こういう台詞があるとつい、こんな言い方してしまうんだよね」とか「私、こんな場面になると恥ずかしいからさっさとやっちゃうの」とか。長所なのか、短所なのかはわからないけど、「自分の演技」を検証して自覚すること、ここではそれが少しばかり可能となった。

通常の上演のための稽古では、演出家や作家あるいはプロデューサー（興業主）によって「あるべき演技の路線」が敷かれ、さらには稽古に使える時間の制約がある。「今の場面、ちょっと別のやり方でやってみたい」とか「私に対するその台詞、こういう感じで言ってみてくれませんか」などということは、演出家や先輩俳優を前にしてはほとんどやれっこないのだ。

参加する俳優たちはそんな無目的なワークショップを楽しんでくれていた（と思う）。気になることや、やってみたかったことなどを積極的に試みる俳優もあれば、「メニューはお任せします」と与えられたテキストやシチュエーションを「いやあ、なかなかできませんなあ」と楽しそうにやっているベテランや、「ホンモノのオジサンやオバサンってやっぱすごいですね」とちょっぴり失礼な若手など、客観的に観ている私にも楽しい時間だった。

それまで舞台で観て、知っていた彼らの「得意な演技」や「流通している演技」とは「別の貌」を垣間見られることが刺激的だった。この俳優があの役をやったらどうなるだろうとか、彼と彼女の組み合わせであの戯曲をやれたら良いだろうな、などと想像してほくそ笑んでいた。

そんなワークショップを続けていたが、四年目の二〇〇〇年、ワークショップを覗きに来ていた佐藤信さんから「このワークショップのメンバーで何か一本作品を作ったらどう?」という提案があった。

「ああ、ぼくもここに集まってくれている俳優たちで何かやりたいと思っていたところでした。ぜひ、やらせて下さい」と即答した。どんな作品をやるかという答もスンナリとでてきた。

カフカの未完の長編小説『アメリカ』である。

【まとめ】

世田谷パブリックシアターでの数年にわたる「演出家のワークショップ」をやっている最中、ぼくは「演技のスタンダード」とは何か?などと考えなかった。一九九六年に新聞に

「演劇におけるスタンダード……なぜ日本にはそれがないのか……」を書きながら（本章5参照）、ほぼ確信を持って、この国で「スタンダード」を確立させることは不可能に違いないと思っていた。

演出を始めたころは、「演技の質の違い」がとても気になって、このバラバラな演技のやり方、なんとかならんもんかなあ、と考えた。

しかし、多くの演技の体系を見るにつれ、そしてその体系を身体に宿している俳優が別の演技体系の俳優とギクシャクと共演するのを何度も目の当たりにするにつれ、日本にはじつに様々なタイプの演技があり、それぞれにとって「相応しい表現の場」というものがあり、「必然性」があるのだろうな、というふうに考えるようになっていた。これはもう「スタンダードはこの日本においては成立しないと腹を括り、西洋とは全く違った独自の演劇界の構図をつくる」しかないのではないか。

8　ワークショップでカフカ

二〇〇〇年、世田谷パブリックシアターでカフカの『アメリカ』を題材にしたワークショップを開始した。四年にわたり実施していた「演出家のワークショップ」のメンバーだけでものべ三、四十人くらいだろうか、それにプラスして新しいメンバーが欲しいと思った。まだ劇の構想は固まっていなかったが、ぼんやりとしたイメージの中の劇『アメリカ』には、もっと多くの若手と体の利く俳優が必要だった。一年後の上演を目指してのワークショップ、最終的には人数を絞って出演者を決めなきゃならないのだが、せっかくだから準備段階では多くの俳優と出会いたかった。

「一年後にカフカの長編小説の舞台化を考えています。どういう舞台になるのか見当もつきません。ワークショップで作っていくので台本もありません。原作のどの部分を劇化するのかもまだ決めていません。出演者が何人になるのか、十人でやるのか？　三十人でやるのか？　五十人を超えるのか？　現時点ではそんなアバウトな企画ですが、カフカの原作を読んで興味を持った人、いったいどうなるのか先の読めない芝居づくりに参加したい人、ぜひお集まり下さい」」、あちこちでそう触れ回った。もちろん劇場が広く告知してくれた。

二百人を超す応募者があり、書類選考とオーディションで五十人くらいを選抜した。それに元々の「演出家のワークショップ」のメンバーを加えた大人数でワークショップを開始して、回を重ねるごとに人数を絞っていった。

具体的にどんなワークショップを展開したのか、その内容については別項「カフカ作品の誘惑」（117頁〜）などで詳しく語っているので、そちらをご覧いただきたい。

このカフカ・ワークショップの中では、それまではあまり重視しなかった「身体の動き」に着目して俳優を見るようになった。動ける俳優、動くと魅力的な俳優、そうでありながらそれだけが売り物の筋肉馬鹿じゃない俳優を見つけたかった。

これまで基本的には「演技のやり方の違い」を無化したい、それが難しいときは差異をなるべく小さくする、というモチーフで取り組んできたが、今度のカフカ・ワークショップでは、その目的のために「身体の動き」を付け加えたのだ。

ＭＯＤＥの芝居作りでは音楽に合わせて歩くとか、単純なステップを踏むとか、シンプルな動きを取り入れた無言の場面がよく登場した。ほとんどが稽古の初期段階のワークショップでやっていた動きだ。「ウォーキング」とか「ムーヴィング」と呼んでいた。個々の劇におけるそれらの演出効果はさておき、これらの「動き」は何故にワークショップのメニューに上ったのか？　会話をする場面の「演じ方の違い」は即ち「物言う術」の違いである。では、「歩く」とか「揺れる」とか「傾く」「跳ねる」「倒れる」などの「身体の動き」はどうだろうか？　台詞のやりとりほどの「演じ方の違い」は生じないように思えた。「身体の動き」には大した違いはない、そう思えた。

これは嬉しい発見だった。歩いたり、拍子を取ったりする単純な動きをする分には「同じ人間」のように見える。リズム感のいい俳優、いつもワン・テンポずれる俳優はたしかにいるが、それは根本的な演技方法の違いというより、「個性の違い」の範囲内に見えた。そして、何より「喋っていない」のだから、とても良い。演技の質の差など、観客にはほぼ感じられないに違いない。つまり、いささか大げさに言うと「身体の動き」は「演技の差異」を消し去る特効薬となる、そう思ったのである（まあ、後にことはそう簡単にはいかないと気付くのだが……）。

初期のワークショップから十数年を経て、この頃の私の演出する舞台には踊りとは言えないが、それに近い動きのあるシーンがかなり登場するようになっていた。カフカの『アメリカ』を構想する段階で、大胆にムーヴィングを取り入れたいと考えた。「群衆」が芝居の重要な登場人物になるだろうと予測したからだ。また、カフカには「こんな夢を見た」的な場面がいくつか出てくる。それを舞踊的に表現できないかと夢想したのだ。

一九九八年に世田谷パブリックシアターで上演した『ふしぎの国のアリス』（台本／宮沢章夫）の時に、アリス役の神田うのさんの踊りとふしぎの国の住人たちのムーヴィングを振付けてくれた井手茂太さんに「カフカのワークショップ」に加わってもらうことにした。

ワークショップが一週間の日程の時はそのうち二、三日間を「井手さんワークショップ」とした。老いも若きもとにかく動いてもらう。喋りたがりの俳優もブツブツ言いながらも黙ってクネクネ歩いたり、寡黙な俳優がより寡黙になって床に転がったりしている。私はそれを観ているのが楽しくてしようがなかった。作りたいイメージ・シーンが頭に浮かんだ。ちなみにこの段階では井手さんには『アメリカ』の情報は何も伝えていない。ただ音楽だけは何曲かCDで手渡していた。たぶんクレズマー（東欧系のユダヤ音楽）だったのではないだろうか。
「井手さんワークショップ」以外にも、私の指示で持ってきた音楽を聞きながら横一列に並んでゆっくり歩くとか、子供の遊びのようなゲームをやってもらった。そんな時間にこそ俳優たちの個性や持ち味が自然に流れ出し、緊張せずに相手や周囲の者たちと交わる俳優たちの姿を見ることができた。

【まとめ】

この「身体の活用」で一つの作品を作る時の俳優の選択肢がグンと拡がった。演技のクセがありなかなか普通に喋れない俳優がいたとして、でも彼の見た目はとても魅力的でカフカの世界には是非とも欲しい。そんな場合、彼には喋らせなければいいのだ、という単純なことに気付いた。彼は喋りさえしなければ、舞台上に人間としてちゃんと立っていられる。歩くこともできるし、踊ってるように見せることもできる。むしろ、台詞から解放されて舞台を自由に動き回れるようになったりする。そんなことが成立する瞬間が幾つも訪れることになった。

9　演技のスタンダードとは何だろう？

長々と書いてきたこの「雑談的な演技論」にもそろそろ区切りを付け、創作の現場に戻らなければならない。

二〇〇〇年に開始した世田谷パブリックシアターでの「カフカのワークショップ」は一年間継続して、二〇〇一年に『アメリカ』を上演した。どのようなプロセスを経て、未完の長編小説を舞台化したのか、その詳細は第3章「カフカの作り方」を読んでいただくとして、このやり方はまず公共劇場という制作の母体があって初めて成立した創作方法であったと言える。とにかく場所と時間を確保できたことが大きかったし、こんな非効率的な演劇の作り方を理解してくれる劇場スタッフが大勢いたこと等、私はとても恵まれた現場を持てたと思っている。

さて、前節で「カフカのワークショップ」の時に、「演技の質の違い」から来る違和感をなくす、あるいは最小限にするために、会話のエチュードだけでなく、身体の動きを共有してみるエチュードを付け加えた、と述べた。

恐らくそのやり方が功を奏したのだと思う。稽古場が非常に活性化した。配役を考える作業、台詞を作る作業、動きを作る作業、つまり場面を立ち上げていく作業、私は創作のほとんどを机上ではなく、稽古場で行なうことができた。そこには多くの俳優がいて、スタッフもいた。あるひとつの構想を複数の才能で具体化していくという理想的な共同作業を続けることができた。

このやり方で幾つもの作品を上演することとなった。

二〇〇五年　『城』（新国立劇場）
二〇〇七年　『変身』（MODE）、『審判』（世田谷パブリックシアター）
二〇一一年　『あなたに会ったことがある』（MODE）
二〇一二年　『あなたに会ったことがある・2』（MODE）

『あなたに会ったことがある・2』（2012年、写真／益永葉）

ほぼ同じやり方でカフカの小説を原作として『アメリカ』を始めとして六つの作品を作った。私がカフカ作品で使った方法は「メソッド」と名乗るにはアバウト過ぎて、確立された体系など持っていない。現場ごとに手を変え品を変え、工夫しながらやって来た。

何か新しい方法を持ち込んで訓練し、それを出演者全員が習得し、その方法をもって演じ、演出がなされるという意味での「メソッド」を私は持たないし、今後も作る気はない。そして日本の劇の「スタンダード」を確立することには意義を感じない。日本の演劇界においては時期尚早だからではない。その必要性を感じないからだ。たとえそれが一瞬間確立したところで、「だから、なに？ すぐに相対化されて、アンチが出て来るよ」、そう思うからだ。

そもそも、かつての新劇の創設者たちは何を目指していたのだろう？『近代俳優術』（千田是也著）とか『物言う術』（田中千禾夫著）という演技術の本は、今もどこかの養成所や稽古場で読まれているのだろうか？ それらに改めて目を通すと、先人たちは本気で「演技のスタンダード」作りを目指しているようだ。それを確立させなければ日本の演劇の未来はないと。岸田國士が一九四九年の『物言う術』の発刊に当たり、こう書いている。

日本人は何でも型に嵌めてしまうことの好きな国民とみえて、音楽などでも色々の歌詞を同じ「節」に当嵌めて歌つたり、絵画などでも、花はかう、木の葉はかう、水はかう、山はかうと、ちやんと動きの取れない規則を作つてしまふ。それと同じに在来の芝居の台詞にしても、その「抑揚」から「緩急」に至るまで類型的な標準によつて、人物個々の心理的ニュアンスを無視してゐる。この傾向は単に旧劇ばかりでなく、新派も同様である。更に少し気をつけて見ると、新劇までが、もうそろそろ、「新劇のせりふまはし」とでも云ふやうな型を作りつつあるやうである。

（「『物言う術』の序に代へて」より）

昭和二十四年の時点で「新劇調の台詞の言い方」を岸田國士が気にしているのが、興味深い。「新劇」のスタート地点をどこに置くかで若干の違いはあるが、一応築地小劇場で新劇が確立したとして、それから約二十五年経っての岸田國士の危機感の表明である。

田中千禾夫も岸田國士も「新劇の台詞まわし」が気になって、新劇の演技を型にしないために『物言う術』を獲得しなければと考えたのだろう。しかし、結果的にはどうなのだろうか。田中千禾夫は戦中まで文学座、戦後は俳優座に所属したが、この二つの劇団の「台詞まわし」はどうだったろうか。『物言う術』が世に出て、新劇の教科書として読まれるようになった後は、文学座と俳優座の俳優は「新劇調」から免れていたのだろうか。私の見立てでは、そうではない。むしろ文学座も俳優座もそれぞれに特徴ある「物言いの型」つまり「新劇調」を確立させていったのではないか。

ある時期、文学座の主たる女優陣の台詞まわしが皆、杉村春子のそれに似ていることを多くの人が指摘していた。たしかにそうだった（杉村さんの台詞まわしは厳密に言うと新劇調ではないと思うのだが、ここでは置いておく）。また、私が文学座にいる時分、先輩俳優と俳優座の芝居を観た折りに「あの新劇調の台詞の言い方、なんとかならんのかなあ」と言っているのを、なるほどと頷きながら聞いていた記憶がある。

【まとめ】

私が繰り返し述べてきたことは、ひとつの舞台においては「共通の価値観やルール」に則ったひとつの表現方法で、演技はなされるべきではないか、ということに過ぎない。

第2章「チェーホフの遊び方」、第3章「カフカの作り方」では、その考え方を基に作ってきた個々の舞台について述べていきたい。

第2章

チェーホフの遊び方

『言いだしかねて』（1989 年、写真／田中和彦）

1　チェーホフの作り方
——松本修はどのようにしてチェーホフを演出してきたか、その作り方を明かす

□MODEを旗揚げする前に「ちかまつ芝居」で活動していて、事実上、松本修が集団を率いるようになってからも、まだ近松門左衛門をテキストにしていた。ちかまつ芝居一九八八年の『夏のエチュード』ではまだチェーホフはテキストとして使用していない。

■この時、演出の石川耕士が実質的にメンバーを外れて、それまでに石川が台本を書いて、『国性爺合戦』など二本上演し、『夏のエチュード』も彼がタイトルまで決めていたのだが、結局、台本が書けなくて、「ごめん、もう降りる」ということになって、ぼくが構成・演出をやらざるをえなくなった。それで、近松の『曽根崎心中』とか『女殺油地獄』の断片を使ったり、「恋愛もの」ということで、ゴダールやトリュフォー、ルイ・マルの映画の恋愛シーンを集めて、〝コラージュ〟というかエチュード方式でやったのが『夏のエチュード』で

ある。

□それで、次に上演したのが同じ年の『秋のエチュード』で、初めてチェーホフをテキストに使うこととなった。そしていよいよ「MODE」の結成（一九八九年）となり、そこでもチェーホフを大胆にテキストレジィして使う。まるで「チェーホフ芝居」になったかのような転換であった。チェーホフを使ってみて、俳優に確かな手ごたえでもあったのだろうか。

■いや、それはあまり関係がない。石川がぬけて、なんとか公演しなきゃならないときに、テキストの上ではぼくは彼のように近松の文体に詳しくないし、ぼくがひっかかって、興味をもっていた恋愛の描き方というのがフランスのヌーヴェルヴァーグ映画の中にあった。そもそも近松への興味というのも、ぼくにとっては近松の文体というよりも、「心中もの」の直線的な恋愛の形態、社会のモラルに反しようが何だろうが死まで突っ走るのを突き放して見ているところに、ぼくの共感できるものがあったということだ。竹内銃一郎の『恋愛日記』（一九八四年）なんかがヒントになっていると思う。トリュフォーの映画をベースにしながら、冒頭では『心中天網島』のセリフから始まる。あっ、そうか、竹内さんも近松とトリュフォーに共通するものを感じたのだな、と思った記憶がある。それで『秋のエチュード』をやろうと思ったときに、近松やトリュフォー以外で、恋愛の描き方でぼくが興味をもっていたのがチェーホフだった。なんていうか、チェーホフはトリュフォーや近松よりも、もっとクールな目で恋愛を見ている。当事者にとっては切実なものがあるんだけど、距離を置いてみたり、角度を変えてみると、滑稽にみえたり、わかり合いたいのにわかり合えないという人間関係のズレに独特な感じがあった。

□チェーホフは、かつて松本が在籍していた文学座では貴重なレパートリーだったし、古典的な財産であった。あえてそれに挑戦するという気持ちはなかったのだろうか。

■じつは文学座がやるチェーホフは、あまり面白くないというか、ピンとこない感想をもっていた。古色蒼然としていて、むしろ戯曲の一部分を読んでいるほうが面白かった。チェーホフ作品そのものは高校生の頃から読んでいた。戯曲じゃなくて、小説に書かれている恋愛のエピソードにはやっぱりぼくが共感するものがあって、非常に叙情的なのだがべたついていない。ロシアの気候風土とも関係するのだろうが、物の見方が対象から距離を置いているところに興味があった。しかし、『桜の園』とか『かもめ』とか、戯曲の世界はどうなのか、新劇を観てもよくわからなかった。とにかく、退屈……。それで、どう上演しようかなんて考えられなかった。ただ、たとえば『ワーニャ伯父さん』のワーニャとアーストロフとエレーナの錯綜した三角関係などを現代のスナックとかカフェ・バーや、会社のオフィスに当てはめるとそのまま通用する話だなあ、なんて思って実験してみた。『秋のエチュード』の時のことである。チェーホフの台詞そのものは現代のカフェ・バーでそのまま話せる会話ではない。だけど、ある部分だけ引用して挿入したりすると説得力のある台詞になる。要するに、断片から入ったわけで、その方法をもうちょっと押し進めて、MODE旗揚げ公演の時に仕立てをそっくり「現代」に置き換えた。

□『三人姉妹』を下敷きにした『逃げ去る恋』（一九八九年）に次いで『桜の園』を使った『言いだしかねて』（一九八九年）、『かもめ』をベースにした『あなたはしっかり私のもの』（一九九〇年）、『ワーニャ伯父さん』の『ぼくの伯父さん（モノンクル）』（一九九〇年）と四大戯曲が続く。チェーホフをこれだけ続けてみようと思ったきっかけは何だったのか。

■どの話も現代の日本に置き換えているんだけれども、変な言い方をすると、時代を現代にしても使えるところが多いなあというのが率直なところだった。お手軽なおいしいとこ取りと映ったかも知れないが、時代背景とか人間関係がわからなければ今の観客に伝わらないと思ったところは、そこは使わなかった。ぼくはなるべくそういうところ（事前の予備知識を必要とするところ）は削りたいと考えた。チェーホフの場合、そういうところを省いてもストレートに話に入っていけて、理解しやすい。

□『桜の園』の次には、『プラトーノフ』と『イワーノフ』を使って『会社の人事……素敵なあなた……』（一九八九年）もやっている。

■肝心なのは、チェーホフのテキストのどこから何を抜いてくるのかということと同時に、たとえば『かもめ』だったら劇団の話にするとか、『ワーニャ』だったら子供から見た大人の世界に転換するとかを考えること。『逃げ去る恋』のときには小津安二郎の映画のイメージを借りて、『三人姉妹』の戯曲上には現われないけど、あったに違いないアンドレイとナターシャの結婚式、それに決闘で撃ち殺されたトゥーゼンバフの葬式もおそらくあっただろうから、小津映画に特徴的な「結婚式」と「葬式」でやってみた。それから『言いだしかねて』のときには、こういうふうに読み直してみた。『桜の園』というのは、大体、使用人と主人が半数に分かれていて面白いなあ、と。原作は世代が交代する話だから、その中で旧価値にしがみついて生きている人たち（支配階級）が途中で使用人と入れ替わったらどうなるか、ロパーヒンの時代のさらに先にも世代交代があるのかなと考えて、ふとジュネの『女中たち』を思い浮かべた。奥様がいない間、女中たちが奥様ゴッコをするというような構造に変えられるんじゃないか、と。そしてさらにベケットの『ゴドーを待ちながら』をくっつけて、俳優たちが二時間の間、遊んでいるという舞台にした。何のために遊んでいるのかはわからないけど、ある時間を待っていることには重なる。

□『言いだしかねて』は、冒頭からロパーヒンとドゥニャーシャに性的な関係があるように描かれていて、『桜の園』の解釈の上でも極めて異色な舞台といえる……という評価を得た。それはともかく、エチュードから作品を組み立てるという方法は、あの当時（八〇年代）、青い鳥や遊◎機械／全自動シアターも行なっていた方法であった。しかしMODEの場合は、テキストとしてのチェーホフに徹底的にこだわった。それにはどんな理由があったのだろう。

■戯曲を読んで面白いなと思うことのひとつに、チェーホフの四大戯曲に共通する特徴として太田省吾さんとも話したことがあるのだが、第二幕の問題がある。一幕は大体、登場人物の総ざらい、人間関係の紹介があって、事の発端がかすかに語られる。ところが、二幕はだいたい、お茶を飲んでダベッているだけなのである。『桜の園』では、ギターを弾きながら散歩というかピクニックをしてるし、『三人姉妹』でも暖炉の側でお茶が出て来るのを待っている。『ワーニャ伯父さん』でもお茶（厳密にはお酒）、『かもめ』も湖畔でお茶。ドラマチックな動きが背景にあることはあるんだけれども表面上はただダベッているだけ。これがなんだかとても面白いなあと思った。

ともすると舞台で見てると動きがなく退屈。だけれども、退屈な時間をわざわざチェーホフが書いているからには、チェーホフなりのたくらみがあるに違いない、そこを探りたいと思ったのがきっかけである。チェーホフの舞台って面白いのをあまり見たことがなくて、唯一、鈴木忠志さんがSCOTでやった『ザ・チェーホフ』（一九八八年）のシリーズが面白かった。逆にあれは本当に凝縮した時間の中で、主人公のラネーフスカヤとか三人姉妹にしぼって、個人のドラマを描いている。だから登場人物としては個人として描かれている数人しか出てこない。あっこういうやり方もあるのか、これはいいなと思ったけど、自分に興味があるのはそこにいる多くの人たちなんで、ぞろぞろ人がいて無駄話をしているのをどうやったら面白くなるのかはわからないまま、なんとなくチェーホフに惹かれていった。

□竹内銃一郎さんの『恋愛日記』の話を出したが、竹内氏は直後に『三人姉妹』を下敷にして『贋金つくりの日記』（一九八五年）を上演している。「生きていかなければ」で終わる『三人姉妹』を、サラ金からの借金地獄の中で餓死する三人姉妹の話に反転してしまうドラマで、引用がとても大きな比重を占めている。コラージュ劇というか、チェーホフからの引用劇としてはかなり早い時期のものである。

■竹内銃一郎さんに影響された部分はとても多かったとは思う。それと、チェーホフの翻案物ということでいえば、けっこう優れていると思ったのが、ウディ・アレンの映画『セプテンバー』（一九八八年）。『ぼくの伯父さん』で参考にさせてもらったぼくの好きな映画で、あれは明らかにチェーホフの『ワーニャ伯父さん』で、ミア・ファーローがワーニャ役を演じている。しかもソーニャでもある。当時出た映画評でそれを指摘したのはなかった。しかし、その後出たウディ・アレンのロング・インタヴューで、彼もそれを肯定していて、チェーホフを使った映画ではソ連の『ワーニャ伯父さん』(コンチャロフスキイ監督、一九七二年)が最高傑作だなんて語っている。アメリカの中産階級を舞台にした室内劇で、ミア・ファーローは女優の娘で、ということは『かもめ』のトレープレフの屈折も入っている。大学教授も出てくる。テキストをそのまま、ト書きをそのままやるんじゃなくて、ウディ・アレンがアメリカに置き換えたように、日本に置き換えてもできるんだと気づかせてくれた。戦後すぐの映画『安城家の舞踏会』(吉村公三郎監督、一九四七年)は、いってみれば『桜の園』。ユーモアのない『桜の園』(笑)。

□コラージュから翻案へという道筋から、九〇年代の後半あたりから、外国物をそのままやることも多くなってきた。心境の変化というのがあったのだろうか。

■文学座にいたころから赤毛物・翻訳劇にどうしても馴染めないところがあった。文学座は文学座なりに翻訳劇を違和感なく演ずることに努力を払ってきたんだろうけど、それにしても違和感を拭えなかった。ただ『孤独な惑星』(一九九七年)を上演する頃から、翻訳劇という枠組みを使わないと描けないものもあるなあ、と思うようになってきた。それ以前はとにかく、なんで日本語をしゃべっているのに英字新聞読んでるの？ ロシア語新聞読んでるのって？ そんなふうに感じていた。そういうことだけはやめたい、そんなことをやらなくてもチェーホフはできるんじゃないか、と思っていた。

□『孤独な惑星』公演の前にロシア、東欧に四カ月ほど旅行した。セゾン文化財団の助成を受けた「研修旅行」である。ちょうど第二回のチェーホフ演劇祭にぶつかったりして実に多くのチェーホフ劇をあちらで観たりした。帰国してから、明白にチェーホフへの取り組み方が変わったように思われる、という指摘を劇評家から受けたりした。『プラトーノフ』（一九九七年）は部分的に翻案されているが、大幅に刈り込んだことを除けば、人名や時間の流れなどほぼ原作通りといっていいし、『ワーニャ伯父さん』（二〇〇二年）に至っては原作そのままの上演であった。

■ロシアで観たチェーホフというのは、ぼくのような作業（翻案とか再構成）をしているものはなくて、たっぷりとしたテンポでいちいち一幕ごとに二十分休む大劇場のものなどもあって、いずれにせよ原作通り四幕構成で上演していた。そういうのを観て、書き始めの言葉からラストの言葉までチェーホフが書いた流れに沿ってやってみたくなったということがひとつある。

帰ってきてからは『三人姉妹』(二〇〇〇年)も演出したが、あれは筒井ともみさんが脚色に入ったので、ぼくが思うチェーホフ劇とはかなり違うものになった。筒井さんのせいというよりも、プロデュースのされ方のせいというか。筒井さんは原作のストーリーを変えても、自分の世界を作りたがった。僕は逆に原作のままのストーリーでやりたかったし、人物関係を変えたくはなかった。これから『桜の園』や『かもめ』もやろうと思っているが、原作通りにもやりたいし、前にやったようなコラージュやアダプトしたものもやりたい。両方は別な傾向だが、ぼくの中には二つの欲望が相変わらずあるようだ。

これはたまたまなのだが、『孤独な惑星』の作者、スティーヴン・ディーツが日本に来たときに酒を飲みながら話したことに、どういう作家が好きかというのがあった。ぼくはチェーホフが好きで、アメリカの作家ならソーントン・ワイルダーかなと言ったら、ディーツも同じだと、大いに盛り上がった。それで、彼の作品に『ニーナ・バリエーション』というのがあることを知った。これは『かもめ』第四幕のニーナとトレープレフが再会して別れるまでの会話を、ひとつだけは原作通りで、他に五十パターンの別バージョンを創作したものだという。アメリカのどこかの劇場のチェーホフ・フェスティバルかなんかのときに書いたものらしいんだけど、本公演には選ばれなくて、『かもめ』の終演後に劇場のロビーでゲリラ的に上演したらしい。実際にトレープレフとニーナを演じた役者がやったと聞いた。これが面白くて、翻訳してもらったんだが、これってMODEの初期にやっていたことと全く重なる。稽古場公演なんかで上演したらどうだろうって思っている。

□他の例ではマティ・ヴィシニェックというルーマニア出身のフランスの作家が『マシーナリィ・チェーホフ（チェーホフ・マシーン）』という、チェーホフ劇をコラージュした作品を書いている。現在でも、そして海外でもチェーホフは、いまだに劇作家にとって刺激的な作家でありつづけているということだろう。

■そういう目で見ると、ブレヒトとチェーホフは全然違うけど、ブレヒトを上演した後にチェーホフをやると、なぜか古巣に戻ってきたような気がする。僕の場合、ルーツにチェーホフがあって、その延長にブレヒトやベケット、そしてカフカがいるような気がする。うまく説明できないが、たとえばカフカのものの見方とか、人の観察の仕方とか、孤独を深く見つめることとかはチェーホフと共通していると思う。ユーモアを持って書いている点も共通している。ぼくにとってチェーホフ、ベケット、カフカは別々のジャンルの作家には感じられないのである。

※本稿は、『悲劇喜劇』に掲載されたインタビュー「ぼくのチェーホフ」（二〇〇二年九月号）を基に構成しました。聞き手は、松本修のチェーホフ関連作品を初期から現在まで全て観ている演劇評論家の七字英輔氏です。

2 『旅路の果て』改訂版　演出ノート

どんな筋も必要じゃありません。人生には筋はありませんよ。人生にはすべてがまざり合っています……深いものと浅いもの、偉大なものとくだらないもの、悲劇的なものと滑稽なものとが。諸君は催眠術にかけられたように、旧習にとらわれていて、古い書き方とどうしても別れようとしない。新しい形式が必要です。新しい形式が。

（チェーホフの「書簡」）

ぼくのやり方は、新しいやり方か？　古いやり方か？

昨年十一月の湘南台文化センターでの初演の際、こんな感想があった。病院の設定というのは今更古い。精神病院や老人病院の患者と医者の関係という構図は六〇年代以降さんざん使われてきたではないか、といったものだ。たしかに、今回の設定を思いついた時には、自分でもちょっとそんな気がした。しかし、考えてみればこれらの劇構造は何も六〇年代演劇の発明ではない。ルーツはチェーホフなのだ。たとえば「六号室」。このチェーホフの作品に着想を得た劇の膨大な数……。だから今回の発想は、寺山さんや鈴木さんや唐さんや太田さんや佐藤さんの真似ではなくて、諸先輩と同様に「チェーホフより」の発想であり、チェーホフの真似なのだ。

芸術作品はほかの芸術作品を背景に置き、それとの連想によって知覚される。

（シクロフスキー「散文の理論」）

もう映画は撮られてしまった。我々は「映画についての映画」を作るしかないのだ。

（ジャン＝リュック・ゴダール）

ぼくは引用ばかりしている。今回、引用したものは……

ルイ・ジュベやミシェル・シモンがものすごい芝居を見せてくれるあの往年の仏映画、デュビビエの『旅路の果て』。私が演劇を志した二十年前、すでに舞台表現の最前衛にいた俳優さんたちの身体とそこに蓄積されている演劇的記憶。T・ウィリアムズをちょっぴり。そしてチェーホフ……。

チェーホフの主人公たちは自分の生涯の時間を、出来事によって計らずに、過ぎ去った歳月の年数によって計っている。自分の過去を語るにあたって、彼らはオイディプスやオセロのような古い古典的ドラマの主人公たちとは違って、自分たちの身に何が起こったかではなくて、いかに時間がたったかということを想い出しているのである。彼らの生活を破壊したのは、あれやこれやの不幸な事件ではなくて、歳月なのであり、その歳月のあいだに彼らは日常性の破壊的圧力を受けてきたのである。

（ジンゲルマン『チェーホフの時間』）

久しぶりのチェーホフです。以前と何が変わって、何が変わっていないのか、正直なところ、自分ではまだよくわかりません。しかし、わたしが演劇において目指すべき地平は、そ

『旅路の果て』（1995 年、写真／益永葉）

う近くはないかも知れないが、そう遠くもないと、稽古場で、そして今この劇場で実感しています。

（一九九五年『旅路の果て』パンフレットより）

3 『プラトーノフ』を現代に

この三年間に演劇について色々と考えたことがあります。そのひとつの形がこの『プラトーノフ』です。八九年のＭＯＤＥの活動開始からずっと続けてきた芝居作りのやり方を広げてみようという試みです。果たして、ＭＯＤＥ独自のやり方が、これまで組んだことのない俳優と共有できるのか？　この新しい挑戦のために世田谷パブリックシアターが力を貸してくれました。公演を目的としない様々な稽古（ワークショップ）の機会を与えてもらい、また製作面でも協力を得ました。

『旅路の果て』（九五年）以来のチェーホフです。『プラトーノフ』という戯曲は、有名な『三人姉妹』や『桜の園』とはずいぶん違った印象の戯曲です。チェーホフの死後に発表された未完の戯曲で、学生の時に書かれたといわれています。その後の作品とどんなふうに違うのかというと、一言でいってまるで「お芝居」のような戯曲だということでしょうか。後期のチェーホフ戯曲の特徴というと、いわゆるドラマティックな事件が舞台上ではほとんど起こらず、明白な発端もクライマックスもない、というのが多く語られているところでしょう。『かもめ』が初演された時の「この戯曲には徐々に激しくなり、大詰めで、幕の下りる前に解決される劇的筋のおきまりの発展、芝居に必要不可欠な舞台上の約束事がない」という非難はあまりも有名です。そういう観点から見れば『プラトーノフ』には、いわゆる劇的筋がありますあらじめドラマチックな人々が登場し、舞台上でいくつかの事件が起こります。

この戯曲をもとにしたニキータ・ミハルコフの映画『機械仕掛けのピアノのための未完成の戯曲』や、それを舞台化した『ピアノ』（最近ではT・P・Tが上演）を御覧になった方もいらっしゃることでしょう。これらは、私見によれば、チェーホフ後期の作品のイメージを利用して『プラトーノフ』を翻案したものです。つまり、もうひとつの『ワーニャ叔父さん』あるいは『桜の園』として創作されたわけです。付け加えれば、一九七〇年代のソ連共産党政権下におけるインテリたちの姿がそこに投影されています。優れた翻案で、私もこの映画を何度観たことでしょう。大好きです（一昨年、モスクワで観たエストニアの劇団の『ピアノ』も美しく刺激的でした）。

今回、私は、あえて『ピアノ』のテキストを使用しませんでした。ミハルコフの企みに倣い、あくまでも現代に生きる我々日本人の視点から『プラトーノフ』を読み直し、再構築しようと考えたからです。そのまま上演すると優に八時間はかかるであろう長大な原作を前にして、これまでのチェーホフの現代化の際には考えなかった妙なことを考えました。

今までのMODEのやり方だと恐らく削除したであろう箇所を臆面もなくやってみようと思ったのです。現在の演劇センスからみれば明らかに「お芝居がかった箇所」に何故か心惹かれたのです。どうも単に「古いタイプのお芝居」だとは言い切れないのではないか、原作の構成や台詞をストレートに踏襲しても十分に現代性を持つのではないか、とそう感じ始めました。稽古場での作業が始まり、さらにその感を強くしました。ですから、この『プラトーノフ』はこれまでのMODEのチェーホフ作品の現代化の試みの中で最も原作に忠実であるといえるのではないでしょうか？「いったいどこがチェーホフなの？」といった感想を久しく聞いていないので、今回それがまた聞けるかなと楽しみにしています。

なお、今回の上演にあたっては中央公論社チェーホフ全集14の原卓也訳を基に稽古を進めました。ちなみに、日本では一九八一年に早野寿郎台本・演出で俳小が、八二年には中村雄二郎台本・大橋也寸演出で円が『プラトーノフ』を上演しています。中村雄二郎氏の「『プラトーノフ』考」は、その台本とともに大いに参考にさせていただきました。また、この戯曲は『父なし子』という題名で呼ばれることもあり、現在一番入手しやすい「ちくま文庫・チェーホフ全集」では『父なし子』として収録されています。

（一九九八年『プラトーノフ』パンフレットより）

【注釈】

この『プラトーノフ』は現代の日本（冬季オリンピック直前の長野）を舞台に翻案したものので、チェーホフ戯曲を基に作った舞台としては八作目であった。冒頭で少し触れているが、一九九七年にオープンした世田谷パブリックシアターでの最初の演出作品となった。純粋なMODE公演とは違った「劇場プロデュース」で、いつもなら呼べない有名な俳優やベテラン俳優、それに第1章で述べた「演出家のワークショップ」の参加メンバーに出演してもらうことができた。

そこでMODE流のワークショップ方式での芝居作りを試みたのだが、それは見事に成立しなかった。ＭＯＤＥのやり方の経験者が出演者の半分以下、それを面白いと思ってくれる俳優も少なかった。原作の膨大なテキスト量もあり、意に反して机上で「台本作り」をする羽目になってしまった。だから、途中から稽古は書かれた台詞を覚えて、立ち稽古をする、というごくオーソドックスなスタイルとなり、出演者の多くにはそれが良かったようで、私は密やかに落胆した。

皮肉なもので、この『プラトーノフ』の翻案は評価され、湯浅芳子賞を受賞することとなった。尊敬するロシア文学者の名前を冠する賞はとても嬉しかったが、演出家としての挫折がその裏に刻印されている。

4　初めて原作通りに

ＭＯＤＥを始めた最初の二年間は、チェーホフ作品をベースにした舞台を連続して作っていた。ただ、チェーホフの戯曲だけがその時の芝居作りのモチーフだったかというと、必ずしもそうではない。様々な戯曲や映画、多くの音楽と絵画と写真、それらの断片が、チェーホフのテキストに入れ替わり立ち替わり紛れ込んでいた。コラージュと言っていい。

何がなんでもチェーホフというわけではなかったから、ＭＯＤＥではその後、ベケット、ワイルダー、Ｔ・ウィリアムズ、ゴダールなどの海外の作家や、柳美里、坂手洋二、平田オリザ、松田正隆らの日本の作家の作品が芝居作りの材料に選ばれ、ＭＯＤＥ以外では、ここ世田谷パブリックシアターの公演で、宮沢章夫やブレヒト、そしてカフカの小説をテキストとして取り上げてきた。

しかし、十数年経った今、改めて振り返ってみると、これまでの私の全ての芝居作りのモチーフは、やはりアントン・パーブロヴィッチ・チェーホフの書いたものにあったのだと、思わざるを得ない。

これまでに取り上げてきたテキストはみんなチェーホフの書いたものと繋がっている。チェーホフが提示した「演劇的テーマ」を受け継いでいるという点で繋がっている。チェーホフ作品の登場人物たちがよく口にする「百年後、二百年後の人々のための仕事」を、まさにチェーホフはやっていたのだな、とつくづく思う。

今回、初めて、原作の戯曲通りに上演をしてみようと思った。テキストを分断したり別のテキストを紛れ込ませたりせずにやってみる。設定を日本に置き換えることもしない。

以前は、チェーホフの書いたままでは、その面白さが現代の観客にストレートに伝わらないのではないか、と考えていた。何よりも百年前のロシアが舞台であること、さらにそれを日本人が演ずるという点が、どうしても引っかかって、素直にやれなかった。どうせお芝居なのだから、と開き直れなかったのだ。

ずいぶん回り道をしてきたようにも思う。しかし。十数年前の段階で、原作のままやっていたら、おそらく、かつての「新劇」のような、あるいは「アングラ」のようなチェーホフになっただろう。そこに回収されてしまっただろう。

『ワーニャ伯父さん』(2001 年、写真／宮内勝)

今回の『ワーニャ伯父さん』を作るのに、十数年費やしたようなものだ。来年、私はワーニャと同じ歳になる。歳月を無駄に費やしたのか、少しは意味があったのか……。それがわかったら、それがわかったらねえ。

（二〇〇一年『ワーニャ伯父さん』パンフレットより）

5　『三人姉妹』をどう上演するか

これまでに何度もチェーホフの『三人姉妹』を基にした芝居を作ってきた。配役を変え、構成を変え、舞台美術を変え、繰り返し演出している。劇場で公演したものだけで五回。ワークショップや学生の発表会を含めると十数回、つまり十数パターンの「チェーホフの『三人姉妹』より」という芝居を作ってきた。

ところが『三人姉妹』を翻訳劇として原作通りに演出したことは一度もない。ほとんどの場合「現在の日本」という設定に置換えて上演してきた。モスクワならぬ東京から離れた日本の地方都市に暮らす人々の物語。八九年に上演した『逃げ去る恋』では、バブル経済期であり、かつ昭和天皇崩御による「歌舞音曲の自粛」期の日本という設定であった。

この春、久しぶりに再演した同作品では「石破防衛庁長官」という固有名詞も登場した。

なぜ、私は原作のままの上演をしてこなかったのだろう？　こんなに『三人姉妹』が気に入っているのに、自分でも不思議な気がする。

たとえば『ワーニャ伯父さん』は原作のままノーカットで上演している。『ワーニャ伯父さん』はそれが可能だった。

まず、翻訳劇にありがちな生活風習の違いによる違和感が極めて少ない。せいぜいがサモワールの存在とその使われ方くらいか。食事の時間が順繰りに遅くなっていることなどは、「避暑地での休暇」を思い浮かべることで納得できる。

もうひとつ、歴史的背景が劇の内容に密接に結びついていないことも挙げられる。大学教授を退官した老人も、その若い後妻も、農場の経営者も、その姪も、田舎医者も、落ちぶれた地主も、まったく我々の周りに在りうる。百年前の日本でも、現在の日本でも。彼らはその時代固有の社会的出来事に強く影響されて暮らしているようには見えない。少なくとも「時代の変化の大きなうねり」が劇の背後に明らかに見て取れる『三人姉妹』や『桜の園』の登場人物ほどには、時代に翻弄されていない。

勿論、時代が全く影を落としていないわけではなく、それどころか、医師アーストロフが心を痛め、そのために行動している環境問題などは、まさに百年経った今日の世界そのものの先駆的な描写とも言える。それがかえって百年前のロシアであることを意識させない。現代にぴたりと重なるのだ。『ワーニャ伯父さん』は原作のままで日本人にとっての現代劇でありうる。

さて、『三人姉妹』はどうだろう。そこに描かれる人間関係、そこで語られる台詞は、これもまさに現代の我々が目の当たりにしている現実そのものである。ただし、それは『ワーニャ伯父さん』ほどにはストレートに観客に届かないのではないか。なぜなら設定が「我々のよく知らない百年前のロシア」だからだ。原作のまま上演すると、どうしても観客には「予備知識」が要求される。たとえその「予備知識」があったとしても、劇を観ながら頭の中で、日本語の台詞を百年前のロシアに「置き直し」ながら観なければならない。

こういうことを言っていると「何を今更。翻訳劇はひとつのジャンルとして確立しているのだから、四の五の言わず、素直に原作通りを真っ当にやりゃいいのだ」という声が聞こえてきそうだ。

しかし、私はどうしても、あの翻訳劇調の演技・演出のチェーホフ劇を素直に受け入れられない。

『三人姉妹』に関して、例をひとつだけ挙げる。軍人たちの扱いである。知的階級としての将校たち。外国語を操り、ピアノを弾き、文学や哲学を語り、言葉巧みに女性を口説く軍人たち。戦時でない時のロシアの軍人の日常を、日本人の俳優がロシア風の軍服を着、髭を付けて演ずることの滑稽さと空しさ。私はいまだに「それ」を直視することができない。

色々とやってみた。違和感を感じない登場人物、市議会に勤めるアンドレイ、教師のクルィギン、医者のチェブトゥキン、女性の登場人物たちの全ての設定は原作のままでいい。問題の軍人たちを背広姿（職業不明）の男たちにしてみたり、ヴェルシーニンを地域での演劇振興を企む演劇人にしてみたり。当然のことながら、現代の日本に舞台を置き換え、職業も変えるとなると、原作の台詞とのズレは生じてくる。それでも、私にはまだこちらのほうが、違和感なくチェーホフの台詞を聞くことができるように思えた。舞台の上にいる人物の造形に嘘が少ないからだ。

チェーホフ劇を演ずる際には、これは重要である。現代の劇としてのリアリティを保つために、台詞に必要最小限の手を入れることにはなるが、翻訳劇調のあのやり方よりは、チェーホフが書いたことがストレートに現代の私たちに届くように私には思える。

つまりは、チェーホフのテキストを用いて何を表現したいのか。それが「翻訳／翻案／演出」の方法を規定していくのだろう。

私の作った舞台について、かつて劇評にこう書かれた。「ここには百年前のロシアの知識人階級の苦悩が全く表現されていない」と。いったい、日本人が「ロシア人の苦悩」を演ずることは可能なのだろうか？　もし「ロシア人の苦悩」が観客に伝わったとしたら、それは「説明」ではないのか。そして、それは本当に「劇を観る」という体験なのだろうか？　たぶん「新劇」はそのようにしてチェーホフ作品を舞台化し、観客はそれをチェーホフの主題を「読む」ように享受してきたのだろう。私はあくまでも舞台での表現そのものを楽しめるチェーホフ劇を作ってみたい。

数年前に一度、戦前の日本に置き換えて『三人姉妹』を上演してみたことがある。かつて東京に住んでいた三人姉妹は、今は亡き父の勤務地だった旭川で暮らしている、という設定にした。実際に旧陸軍の第七師団があった軍都旭川を舞台にしたのは、駐屯部隊の戦地への移動など、一見したところは日本への置換えがうまく成立しているかに思えたのだが、結果的には失敗であった。昭和十年代の日本陸軍の軍人というリアリティを追おうとすると、チェーホフの世界からはどんどん離れていく。台本を前にして、脚本家と随分とやりあったことを思い出す。そこにはチェーホフ戯曲の捉え方の違いがあり、自分の手で翻案しなかったことを悔やんだりもした。せめて、時代設定を明治か大正にすべきであったし、場所は外地（満州あたり）にしたら、もっとチェーホフの台詞を生かせたかな、とも思う。

本番の公演を観にいらした岸田今日子さんの終演後の言葉に、この翻案の失敗が集約されている。

「あんな哲学論ができる陸軍の軍人さんなんて居なかったわよ。がさつで無教養な人ばかり」。

おお、マーシャが夫の教師仲間について不満を漏らす台詞はこう言うのか、と思った。それから、お父上のお話を少しばかり伺った。陸軍士官学校の軍服姿の岸田國士の顔が頭に浮かび、チェーホフの登場人物に重なった。

『三人姉妹』の日本における「正しい」上演の仕方を探す私の作業はまだまだ続くことだろう。

（『悲劇喜劇』二〇〇四年七月号より）

6 「到着」と「出発」

チェーホフ劇は間（あいだ）のドラマだと思う。

地方都市に駐屯する旅団に新しい隊長が赴任してくる。彼はかつての上司であった今は亡き旅団長の一家を訪れ、人妻となった次女と恋仲になり、一家に波風を立てる。やがて軍隊とともに隊長は戦地に去って行く（『三人姉妹』）。女優である母が愛人の流行作家を伴い、息子の住む田舎に休暇に帰ってくる。母は演劇青年である息子の作る舞台をけなし、流行作家は息子の恋人である女優志願の娘を奪い、去って行く（『かもめ』）。今は亡き妹の夫であった老大学教授が後妻を連れて主人公の農園に休暇にやってくる。教授の研究のために仕送りを続けてきた主人公は、後妻に対する秘めた想いを告白し拒絶され、農園を売却して余生に当てたいという教授の身勝手さにも傷つく。教授夫妻は帰って行く（『ワーニャ伯父さん』）。

そして、この『桜の園』は故郷と娘を捨てた母が五年ぶりにフランスから帰国するところから劇が始まる。「桜の園」と呼ばれる領地で無為に過ごすうちに、領地が借財のカタとして人手に渡る事態に直面する。母は娘に相続された金を懐に再びパリの愛人の元に戻って行く。

簡潔に言うと、「到着」と「出発」の間で起こる出来事を、一見して何の変哲もない日常会話で綴っていくというのがチェーホフ劇の構造である。

今回、演出のポイントの第一は、この「到着」と「出発」をどう見せるかだと考えた。人が遠くからやってきて、遠くに去って行く光景はそれだけで劇的だから。もちろん、その間の出来事をどう描くかも大事だが……。

また、チェーホフ劇のラスト・シーンはどれも、後に残された人々の姿が描かれている。残された人間が何やら呟いている。その台詞の内容に関して、これまで百年の上演史上様々な解釈や演出がなされてきた。ここに作者の言いたかったことがある、これこそがテーマである、というふうな演出が多かったと思う。むろん、そこに演出者の主義・主張が混じる。私は、解釈や演出を加えずに、書いてあるままにやるのが良いと思っている。観客が自由に見て、自由に感じるのが良い。ただ、このラスト・シーン数分のために、それまでの一、三時間のお喋りがあるのは間違いないだろう。第二の演出のポイントは、このラスト・シーンをどう見せるかだ。

演出の第三のポイントは、「演技」について。どう演ずるかではなく、どう舞台にいるか。役者はモノのように舞台にあってほしいというのが私の究極の理想だが、それは高望みだとしても、せめて一瞬でも「演じる自意識」が消えて、ああ、人がそこにいるなあ、と見える時間がほしい。チェーホフの戯曲はそういう「演技」を求めているように思う。チェーホフの戯曲は「演技」のリトマス試験紙だと思う。ドーピング検査？　筋肉増強剤を使っているのは誰だ？　「余計なことをしないで下さい！」と今回稽古場でそればかりを言っていた。

ピッコロ劇団でチェーホフ作品の上演は初めてとのことだ。故・秋浜悟史さんがかつてピッコロ劇団員に「君たちにはチェーホフはまだ早い」と言っていたそうだが、現在ではどうだろう？


（二〇〇八年　ピッコロ劇団『桜の園』パンフレットより）

7　二十回目のチェーホフ、二十年目の『かもめ』

●チェーホフとカフカ

この十年、カフカの小説の舞台化を断続的にやってきた。現場での芝居づくりの方法は違うのだが、チェーホフの戯曲を演出している時とカフカのテキストを扱っている時の感覚にそれほど違いはない。物語の内容のせいだろうか。

チェーホフとカフカの作品には共通するところがある。登場人物は「出口なし」の状況の中でじたばた足掻いている。今いる場所から抜け出し、遠くに行こうという希望を抱いている。しかし、やり方が拙くて思いどおりにならない。一瞬巧くやれたかに見えても、結局のところ前と大して違わない所にいる。むしろ状況はより悪くなっている。

そんな人々を距離を置いて眺めている作者がいて、読者（観客）も当然、感情移入もするが俯瞰で眺めざるをえない。その「距離感」がユーモアとなる。当人はひどく落ち込んでいるが、他人から見たら笑えるエピソード。そういう類の苦いユーモア。チェーホフやカフカはそんな「失敗者たち」の無様さをあからさまに見せてくれる。

●チェーホフへのアプローチの仕方

これまで色々なやり方でチェーホフの戯曲を舞台化してきた。その数、再演を含め十九回。背景を現代の日本に置き換える。戦前の日本に置き換える。登場人物の職業を変える。チェーホフ以外のテキストを紛れ込ませる。チェーホフが書いてない場面を創作する。その他、場面を切ったり、貼ったり、並べ替えたり、台詞を短くしたり、無言にしたり。現代風の物言いにしたり、とあらゆることを試みた。どの作業も、その時点でもっともやりたかった表現のスタイルだった。少し古いキャッチ・コピーで言うと「チェーホフを遊ぶ」である。そしてその都度「これが私の思うチェーホフである」とうそぶいてきた。

原作のままカットなしの上演もやってみた。それでも、イメージ・シーンを付け加えたりしているので、厳密にいうとチェーホフの戯曲のままではない。

今、チェーホフの戯曲を上演すると私はどんなやり方をとるのだろう?

ロシアの演出家、ゲオルギイ・トフストノーゴフという人が三十年前にこう言ったらしい。

「いかなる恣意性や無理やりにこじつけた解釈など、なんの助けにもならない。いかなる先人観もなしにチェーホフの戯曲を読むこと。同時に、なにか外見上の新しさを自己目的とするために探究することをやめること。自己表現という名において、戯曲の主人公たちへのチェーホフの愛情や感性、人間の精神にたいする洞察の深さを無視し、なんとかしてチェーホフの戯曲を現代化しようとあくせくしている演出家たちの轍を踏まないように努めよう」

ああ、まさに私はチェーホフの戯曲を利用して「自己表現」をしていたのだ、とそう思う。これまでの多くの試みはすべてチェーホフの戯曲の本質に肉薄するためのレッスンであったとも言えるのだが、果たしてちゃんと戯曲に向き合っていたのかと自問すると、ずいぶん逃げを打っていたようにも思う。いつかチェーホフの戯曲に何も足さず、何も引かずに演出をしてみたい。(いつか?)

一方でこうも考える。たしかにトフストノーゴフ先生の言うように戯曲を素直にかつ注意深く読むことは演出の基本ではある。しかし、その「読み方」は演出者それぞれの演劇についての教養や知識に左右される。そして読み取ったことを表現する段階において、当然それぞれの手法が用いられる。だから「上演者は戯曲の中に作者が込めた意味とかけ離れた意味を持ち込んではならない」(トフストノーゴフ)と言われ、たとえそう努めたとしても、何らかの形で演出者・演技者独自のものが反映せざるをえない。それが演出の違いとなり、様々なスタイルの舞台が出現することになる。それこそが演劇の豊かさであり、面白さである、とも言えるのではないか。

●どうして『かもめ』を避けてきたのか

さて、今回の『かもめ』、この戯曲に向き合うのは二十年ぶりである。昨年、大学の演技実習で学生たちの教材として取り上げてみた。その時に、二十年前にどうして大胆に現代化してやったのかがわかったような気がした。『かもめ』をベースにした一九九〇年『あなたはしっかり私のもの』は、他のチェーホフ戯曲を元に作った作品以上に解体・置き換え・再構成つまり「翻案」の度合いが強かった。この戯曲、あまりにわかりやすく、「お芝居」みたいなのだ(と、当時思ったに違いない)。だから、原作のまま上演することに抵抗感があり、台詞をわざわざR・D・レインの詩やゴダールのシナリオに置き換えたりしたのだろう。

『かもめ』(2010 年、写真/宮内勝)

劇中劇の中身が原作『かもめ』そのものであり、それを演じさせられるニーナ（たち！）が「どうして今、チェーホフなんですか？」とトレープレフに問い詰めたりする。またトレープレフが「自殺」するという展開にも抵抗を覚え、死なずに生き続ける無様さを強調したり……。

まさに私自身がトレープレフ君のようにジタバタと既成の劇のやり方に抗っていたのだろう。そのことを「恥ずかしいことをしたものだ」とはあまり思っていない。むしろ、その傲慢さや怖いもの知らずの姿勢が今や自分から失われつつあるのではないかとすら思う。しかし、今回の演出も、既成のやり方・演劇に「回収＝改宗」されないように、周到に企んでいるつもりだ。ただ、それを判断するのはあくまでも観客である。率直な感想を伺いたい。

（あうるすぽっとチェーホフフェスティバル２０１０『かもめ』パンフレットより）

8　世界の終りに

久しぶりの『逃げ去る恋』である。初演が一九八九年二月、ＭＯＤＥの第一回公演で、公演期間中に昭和天皇の「大喪の礼」があった。ネオンの消えた静かな下北沢、ザ・スズナリには人が溢れた。一九九一年一月の再演はシアター・トップス、公演の直前に「湾岸戦争」が起き、劇中の「男たちの討論会」ではそれについての役者の見解が紛れ込んだ。二〇〇四年春のザ・スズナリでの再々演の時は、前年にアメリカ・イラク戦争が始まり、年明けにはイラクに自衛隊が派遣された。そして八年経った今、昨年の震災と原発事故の余波は終息していない。

なぜ柄にもなく、上演時の時代背景を並べるのかというと、原作『三人姉妹』の中のセリフがいつも引っかかるからだ。

「今日では拷問も死刑もなく、侵略もないけれど、その一方で、どれほどの悩みがあることでしょう！」　（第一幕　トゥーゼンバフ）

「これまで人類は戦争また戦争で忙しく、遠征だの侵入だの凱旋だので、その全存在をみたしてきましたが、今やそういう時代は終りを告げて、あとにはじつに大きな空洞があいています。それは当分、なんによっても満たすすべはないでしょうが、人類は熱心にさがし求めていますから、むろん見いだすに相違ありません。ただ一刻も早いことが、望まれますがねえ！」　（第四幕　ヴェルシーニン）

このようなことを登場人物に語らせるチェーホフの意図はいったいなんだろうか？　これはチェーホフの願望なのだろうか？　希望的観測だろうか？　言うまでもなく当時も、現在も、戦争はあり続けているし、拷問も死刑も残ったままだ。まるで一瞬訪れる空洞を満たすためにそれらが繰り返されているように。私には人間という存在に対するチェーホフの痛烈な皮肉のように思える。

家族について、男女の愛について、さまざまな人生上の悩みについてのチェーホフのセリフは我々にとってじつにリアリティがあるものが多い。『逃げ去る恋』で使った原作のセリフは百年以上経ってもちっとも古びていない。しかし、同時に、えっ、ほんとうにそんなこと信じているの？というセリフもまた散見される。チェーホフは現実味のあるディテールを用いて大いなる「フィクション＝お芝居」を書いたに違いない。

と、ここまで言っておきながら申しわけないのだが、上に引用した類のセリフは『逃げ去る恋』にはほとんど用いられていない。その代わりと言ってはなんだが、芝居のラスト、立ち尽くす三人姉妹の背後に“THE END OF THE WORLD”という歌を初演以来変わらず流している。

この曲、「この世の果てまで」という邦題で、そのセンチメンタルなメロディーとも相まって、あなたとこの世の果てまでずっと一緒に……というようなロマンチックな歌に受け取られがちだが、直訳の通り「世界の終り」が来てしまったという内容だ。何もかも「終わってしまった」と嘆いている私と、それに気付いていない周囲とのギャップ。

チェーホフの原作では軍楽隊の奏するマーチを聞きながら、長女のオーリガが「楽隊の音は、あんなに楽しそうに、あんなに嬉しそうに鳴っている。あれを聞いていると、もう少ししたら、なんのためにわたしたちが生きているのか、なんのために苦しんでいるのか、わかるような気がするわ。……それがわかったら、それがわかったらねえ！」という場面、ＭＯ

ＤＥでは寄り添って立つ喪服（和装）の三人姉妹が無言で「世界の終り」というアメリカの流行歌を聴いている。そんなエンディングとした。

二十三年前に作った芝居が今も成立しているのかどうか、率直な感想をいただきたい。

（二〇一二年『逃げ去る恋２０１２』パンフレットより）

9　あなたに会ったことがある

『あなたに会ったことがある』というロシアの唄がある。

あのころを思い出すと心が熱くなる／秋も終わりなのに、春の日が来たようだ／何かが私の中でうごめく／忘れていたはずの思いがあふれてくる／夢でも見ているようだ／あなたが見える、あなたの声が聞こえる／あなたに会ったことがある

これは私の意訳だが、たぶんそんなに原詩とは違っていないと思う。ロシアの詩人チュッチェフという人の詩にセンチメンタルなメロディーがついている。この唄を知ったとき、私はチェーホフを思った。そして、『あなたに会ったことがある』というタイトルでチェーホフの作品をもとにした芝居を作ろうと考えた。しかるに三年前、カフカの短編小説を集めて

舞台化した時、このタイトルを使ってしまった。カフカも「あなた」と呼びたい作家になっていたからだ。昨年、『失踪者』『審判』『城』を一気呵成に上演して、カフカに入れ込んでいた勢いがひとまず収まったので、今回ようやく最初にイメージした「あなた」＝チェーホフ、その舞台を作ってみたという次第である。

チェーホフの短編をやると言ったらたいていの人が、ああ『熊』とか『結婚申込み』をやるの？と思ったようだが、全く違うのである。短編は短編でも、〈戯曲〉ではなく〈小説〉なのだよと言うと、今度は、ああ『かわいい女』とか『犬を連れた奥さん』をやるのかい？と言う。それも違うのだ。取り上げたのは、チェーホフがチェホンテというペンネームで雑誌や新聞に「生活のために」短い作品を書いていた時期のものである。膨大な作品群（三百篇以上もある！）の中から二十篇ほどをワークショップで取り上げ、この公演ではひとまず七、八篇をテキストとした。よほどのチェーホフ・ファンでなければ読んだことのない小説ではないだろうか。

『かもめ』や『ワーニャ伯父さん』『三人姉妹』『桜の園』といった〈戯曲〉とは、ずいぶん異なった印象の作品たちである。ただよく目を凝らせば、そこには後に書かれた名作戯曲の

「芽」がある。セリフや人物の「原型」を見つけだすことが可能で、まさに「あなたに会ったことがある」なのだ。

ほとんどが数ページの短い小説なので、どうやって舞台化するかを色々と思案した。強引にひとつの物語に再構成することも考えたのだが、結局、小説の長さに見合った尺にすることにした。そもそも原作が限られた時空間に現れた人間たちの一側面を描いているのだから、余計なものは足さないほうが良いのだ。

「兄さんの小説は、以下の条件を満たせば、芸術作品になります。一、政治的・社会的・経済的な性格の長広舌をやめること。二、絶対的な客観性。三、扱う人物や対象を描写する際の本当らしさ。四、極度に短くすること。五、大胆さと独創性。決まり文句をさけること。六、誠実さ。……いちばんいいのは、主人公たちの魂の描写は避けること。主人公たちの行動から、それがおのずとわかるようにすべきです」

（一八八六年、兄のアレクサンドル宛の手紙）

小説に対するアドバイスだが、演劇にもまったく当てはまる言葉だ。やはり、私にとってチェーホフは芝居作りにおける先生だと思う。

（二〇一四年『あなたに会ったことがある・3』パンフレットより）

第3章

カフカの作り方

『審判』(2013 年、写真/宮内勝)

1　カフカ作品の誘惑

――現代演劇のテキストとして

インタビュアー：今野裕一（二〇一六年収録・編集）

カフカとの出会い

Q　松本さんが演劇でカフカをやろうと思った経緯は？

松本〔以下M〕　思い返すと、九〇年代に太田省吾さんと酒を飲んでいて、「君がカフカをやったら面白いと思う」と言われたことがあります。ただそのときは、挑戦しようとも思わなかった（笑）。その後一九九六年ごろ、助成金を得てシベリア鉄道でロシアに行き、さらにチェコ、ルーマニア、ハンガリーを訪れる機会がありました。まあ名所旧跡を見て、夜は芝居を見て、酒を飲んでという感じ。そのときに、今まで読んでなかったカフカの文庫本を持っていったんです。

Q　そこでじっくり読んだわけですか。

M　道中は暇ですしね。でも初めてきちんと読んでみたら……面白いというより、いや〜な気持ちになって。それこそ『失踪者』は、主人公のカール君がせっかくいい目に会いそうになるとすぐそこを追い出されたり、変な二人組につきまとわれて、逃れてもまた出会っちゃったりでしょう。『審判』も、いやな小説だなと思って。

Q　ああいう人生はいやだ、と（笑）。

M　だから小説を読んでも、太田さんがなぜああ言ったのかわからなかった。でもしばらくして、世田谷パブリックシアターのワークショップで何か発表できるものをと考えたとき、初めてカフカを舞台でやる面白さに気づいたんです。

Q　そこはどんな流れで？

M　たしか同じ九六年かな、翌年開場する同シアターの佐藤信さん（初代芸術監督）に呼ばれて、ちょっと一緒にやらないかと。アソシエイト・ディレクターという肩書きで、作品を作ったりワークショップをやったり、あと公共劇場初の試みで教育プログラムとか、そういう色々に関わってくれということでした。で、ワークショップもよくある一般市民に開かれたものと別に、ある意味で閉じたものもぜひやろうと言ってもらいました。「今までMOD

Eでは一緒にやれなかった気になる俳優とかに声をかけて、好きなことをやってくれ」というので、それは面白いと思って。必ずしも何かを発表せずともよいとも言われ、それで稽古場と時間をもらえたので、本当に無目的に始めたんです。

Q そこでの方向性や、端緒になる考えは何かあったのですか？

M ＭＯＤＥを始めたときから気になっていたことのひとつに、役者の演技の質が、その出自ごとにあまりにも違うというのがありました。わかりやすくいえばセリフの言い方とかですね。天井桟敷（寺山修司）や状況劇場（唐十郎）の出身者もみな、自分がスタートした所のクセでずっと来てるので。もちろん「新劇調」というのもある。

Q 佐藤信さんの黒テントも、独特の演技の調子がありましたね。

M そういうメンバーが一緒にやると、皆ばらばらに自分のやりかたでやる。日本にはオーソドキシーがないのがよいとは思いつつ、いろいろ稽古をやってみると「みんな、もうちょっと人の話を聞けよ」と思ってしまう（苦笑）。酒を飲みながらの会話など日常レベルでは差がないのに、何で台本与えるとそれ風になるんだ？というのがあって。だからこのワークショップでは、まずそこから始めました。

ゴダールから始める

M　最初はあまり戯曲のテキストも使わなかったんです。たとえばゴダールの初期映画『女と男のいる舗道』から、これ実際はシナリオなしで、ゴダールが「こういう話をしてくれ」って言って撮ったらしいぜ、というのを各々に渡してやってみる。ゴダールのテキストが良いのは、たとえば俳優をやってる男とふつうの女の子がしゃべってて「あなたのいま言ったことって芝居のセリフじゃないの?」「いや、俺はいま芝居してないよ」「じゃあ、あなたの日常生活と芝居してるときってどう違うの?」といった哲学論、演技論みたいなのが出てくるんです。

Q　ゴダールは「これは映画である」「俳優の演技である」っていうのを観衆にちょっと見せながら、ということもやっていますよね。

M　そうなんです。そういう会話なので、テキストの丸暗記じゃあやれない。どういう会話をしようとしてるのかをまず理解した上で、自分の言葉でやってみようよと。するとやっぱり、面白くやれる人、だめな人が出てくる。決まったセリフはやれるけど、自分の言葉となると途端に「あ〜ダメだ」となる人もいて。でもその「ダメだ〜」って姿も面白いなという発見もありました。そういうことを、毎年二～三十人集まって一、二週間やる機会が三年ほどありました。そのうち信さんが、せっかくなら何かやってみないかと提案してくれた。このとき発想したのが、カフカ作品の舞台化でした。

Q　あ、そういうことなんですか！　つまり後の松本カフカ演劇の主要メンバーは、そのワークショップのメンバーですか？

M　まさに二〇一三年の公演でも頑張ってくれた連中です。高田恵篤、福士恵二、第三エロチカにいた笠木誠、宮島建、それから斎藤歩、あとやはりMODE初期から一緒にやっている小嶋尚樹といった、オヤジ軍団です。女優はあまり固定してないけど、唐さんのところにいた石井ひとみや、他にもその時々に中堅どころが数人。ともあれ、このワークショップでの準備期間が、実際の舞台の前に三、四年あった。その間に恵篤さんや福士さんが……当人たちはそう言わないかもしれないけど……それまでやってきたことから少し自由になって、より色んなことができるようになったかなあと。

Q　その延長で、松本さんが作品を作るときに、全体を通した脚本はいらない、エチュードのシートがあればいい、となったんですね。セリフは書かないんですか？

M　ぼくは一切書かない。カフカも、当時ちょうど池内紀さんのカフカ新訳シリーズが出て、その本をもとに……といっても彼の翻訳って、そのままでは役者には必ずしも適さないところもあって。超訳というと失礼かもしれないけど、けっこう短くなっている。だから言葉は昔の新潮の全集、角川文庫版からも使っています。役者ごとに言葉になりやすいものを選んで、彼らがどうしても言語化しにくいときだけ、ぼくがセリフのようなメモ書きを渡すこともありますけれど。そんなだから、初演では構成表しかないんです。

Q　そうなんですね。ちょっと驚きです。

M　だけども、音響・照明スタッフは、セリフもない構成表では仕事ができないと言うんで、通し稽古の映像を見ながら演出助手が必死に文字化して、進行用の台本ができる。再演以降はそれをもとにしますが、「このまま覚えるのじゃなく、原作読んで自分でセリフを作って」と言います。その作業が嫌になる人もいますが、そうして自分で考えると、どんどん変わっていく。ぼくがまたそれを見て、足し引きしてっていう流れですね。

Q　でもそれって、本当の意味で役を身体に入れることですよね。しかも完全な原型はないから、自分で役をキャラクタライズしろっていう。

M　たしかに、中身がわからないと動けないし、しゃべれない。その際ものをいうのが、演劇体験と、映画・舞台・踊りをみてきた教養かなっていうのはあります。

Q　それプラス、身体ではないですか。松本さんのカフカ三部作を見るとそんな気がします。

M　そうかもしれません、身体の知恵というか。結局、等身大の現代日常会話の口語演劇しかやってない人は、なかなか厳しい。一見、そこにあるのはリアルな日常会話だけど、それだけでもない。いきなり踊り始めるかもしれない舞台なのでね。そうすると、この言い方が適切かどうかわからないけど、やれるのはアングラ小劇場系の役者になりますね。あと学生時代にコンテンポラリーダンスやっていた子とか。

Q　必ずしも器用が良いわけでもない、むしろそれじゃダメなんですね。

M　下手な役者が好きなんですね、とよく言われますけど（笑）。でも、最初はロレロレしていた役者が、最終的に身体が決まってきて、あるセリフを言えるようになると、やはり面白い。ぼくも文学座で十年間役者をやって、読み合わせでかなりの程度つくって立ち稽古、という芝居作りには違和感を覚えていた。ぼく、読み合わせと立ち稽古とで演技がバラバラになっちゃうんです（笑）。「ここまで時間かけたのは何だったんだ」と怒られるんですが、ぼくにはそれが、読み合わせでつくったセリフに、身体のほうを合わせる作業に思えた。そうじゃなく、むしろ逆がいいんじゃないかと。そのためにも、カフカのような小説はよかった。ある種の「戯曲の不自由さ」から解放されるところがありますね。

「戯曲の不自由さから」解放される

Q 不自由さとはつまり、戯曲＝ある種の完成された世界ということですか？

M そうかもしれません。大学での授業ではだいたいセリフのあるものを学生にやらせたりしてるんですが、それは楽といえば楽なんです（笑）。対してぼくがカフカでやる芝居は、常に次がどうなるのかわからない。だから照明や音響のスタッフも稽古場にいなきゃいけなかったり、非効率的ではあるけど、まあそこはね。そもそも、芝居作りってそういうもんだから。その意味では、自分がやりたかったこと、身体の動きや群衆のアンサンブルで見せたいとか、空間そのものの変化を作り出すことなんかを実現できる、そのベースになるテキストとしてカフカに出会った気がします。

Q ワークショップとエチュードで役者さんはよくモチベーションが保てましたね。特に、最初は上演という目的もなかったのに。

M 逆に、だから面白いやつらが集まったと思います。自分の現場もあるけど、そういう時間を楽しめる連中が残った。多くの役者は、文字を与えられるとセリフを覚えてどうやるか、とつい考えちゃう。そうではなく、身体で場面を考え、空間を作っていく試みがあったと思う。いまも覚えてるのは、『アメリカ』をやるとなったとき、みなに何の役をやりたいか聞いたら、福士恵二さんは「俺はカールの鞄をやる」とか言って（笑）。

Q（笑）。すごく桟敷っぽいですね。寺山修司さんのところは「コップを演る」とかそういうことを、自然に言わせる劇団だったと思いますからね。

M「いろんなところに出てきて、最後にはなくなってしまう鞄をやりたい」と言ってね。周りは「どういうこと？」とキョトンとしてる中、ぼくがキャッキャと喜んだこともありました。でも思えばぼくも、シベリアへの道中ではカフカを文学として読んでいた。そのあと演劇の素材として読んでみると、これはやれるところが一杯あるなと気付いたんですね。そうするとストーリーなんてどうでもよくなって。

Q とはいえ松本さんの芝居では、カフカ流のストーリーが十分出ていますね。観劇後に原作を読み直しても違和感がないし、むしろ役者で一回視覚化されてるだけに、読みやすくなる（笑）。

M 優れた作品、強固なものがある作品のいくつかは、どんなやり方でも最低限の何かは伝わるんでしょう。あるドイツ文学の研究者がぼくらのカフカ演劇を評して、面白いんだけどまだストーリーにとらわれている、と書いてありました。ああ、そんなこと意識してないのにそうなのかなと思ったり。

Q　でもそれはどちらかというと、上演の結果としてそれが出ている感じで筋を追って作っている印象はないですよね。

M　そうなんです。個々のシーンは順番を変えたりして、物語性をあまり重視しなくても伝わるんです。だからカフカもそんなにストーリーで持って行こうとは思ってないんじゃないか。ある男が城に行きたいけどなかなかたどり着けない、とか、数行で終わるくらいのストーリーですよね。書きたかったのは、まさにプロセスや表層だったのかもしれない。

未完であることの魅力

Q　先ほどのお話でふと思ったのですが、ゴダールの『女と男のいる舗道』はカフカに近いかもしれませんね。「途中でフィルム入れ間違えてない？」っていう錯覚を起こすというか、シーンの入替があってもわかんないというか。物語がまっすぐつながるというのはなくて、エピソードごとで流れていって、脇道にそれることも多い。その感じが、カフカにすごく似てると思っていたんです。

M　ああ、そうかもしれない。『アメリカ』初演のチラシにも書いたのですが、演劇のテキストに使う上でカフカ作品をいいなと思う特徴として……勝手に二十世紀演劇の必要十分条件が揃っていると挙げたのは……まずとにかく、完結していないということ。これはぼくにとってありがたい。完結すると、起承転結までいって、通底する物語の流れやテーマが出てくるし、それに絡めとられる。でも完結していないなら、このあとどう書こうと思ったのかは想像するしかないし、そのとき集まった役者やスタッフで自由に作れるんじゃないかという。あと、予め断片化されているということですよね。だから作るときも、今日はあの場面おもしろかったからもう一回やろうかとか、あまり前後を考えないでやれる。もちろん、全体を構成する段階ではそれなりに大変さがありますが、差し当たり稽古場では、そこはあまり気にせずにできる。その意味ではゴダール映画も予め断片化されていて、シナリオを一部分抜き出しても成立する。最初は何じゃこりゃと思ったけど、だんだんその唐突なつなげかたとかも自由な感じがして。そうか、ゴダールの影響もあるかなあ。

Q　カフカも、この先もうちょっと書こうとしてるのかもしれないけど、今回はここで終わってるのかなという感じがありますね。

M　ゴダールの「映画はもう撮られてしまった」から、これからは「映画についての映画」だっていうのは、まさに演劇にも当てはまるように思います。ベケットやハイナー・ミュラーの後は、もう新しい演劇というのはテキストレベルではそう出ないだろうし、あとは「演劇についての演劇」をやるしかない。それでぼくはMODEの初期に、その方法でチェーホフやベケットをやったんです。

Q　原作からの展開という点では、どんなアプローチで臨んでいますか？

M　前述の『アメリカ』舞台化で池内紀さんの新訳を使おうと考えた際に知ったんですが、池内さんはそれまでの新潮カフカ全集などと少し違い、断片を断片のまま、順番も含め、あえてわかりやすくせずそのまま翻訳していたんです。カフカは本当に、作品に短編が組み込まれていたりするのでね。だからぼくらは、それこそカフカの友人だったマックス・ブロートが恣意的に並べ替えた作業を、舞台化においてやればいいんだと思ったんです。

Q　二十一世紀のマックス・ブロート（笑）。

M　そうそう（笑）。それをやったら面白いんじゃないかと。実は池内さんも、このシーンはあのシーンの後だろうというのはやってはいて、さすがによくできている。でもぼくらは、それすらも変えちゃえという感じで。『審判』なんかもそうで、その作業は楽しかったですね。

カフカ作品で考える「舞台の終わり方」

Q　少し話が戻りますが、たとえカフカの作品が未完でも、演劇的に終わらせないとならない。一方松本さんのおっしゃるように、新しい演劇がでないということは終わらせ方も旧態依然としていく？

M　たとえば『審判』は、カフカが最初に出だしと終わりを書いたようで、明らかに「終わり」がありますが、『失踪者』や『城』は本当にぶつっと終わっている。『失踪者』の舞台化では、こういうことがありました。最後にオクラホマ劇場に職を得た人たちが列車に乗り、原作では鉄橋を渡るときに河の水が顔にかかったところで唐突に終わる。それでぼくは初演では、劇場の後ろに扉があったので、そこにスモークを焚いて彼らがその中へ入って行くことにしたんです。その前にヒトラーの演説イメージなども流してるので、あの人たちはガス室に送られたユダヤ人である、と思われる演出にした。結果、面白いという人、カフカはそんなこと書いてないという人、賛否両論あった。ぼくもこれが最善というより、こういうのもアリかなということだったんで、まあいいやと思って。ただ次にやったときは、カフカは彼らが汽車に乗ったところまでしか書いてない、ならばそれ以上は演りようがないと、役者たちが芝居をやめて帰る、という形をとったんです。これが今も続けている演出で、今あの話に関して自分がいちばん納得する終わり方ではある。

Q でも舞台を見ていて「どうなってるの?」という感じはなかったです。むしろ演劇として「ちゃんと終わっている」感じです。昔の演劇のルールではない、今的な終わり方で、すごくかっこいいなっていう印象でした。もちろん松本さんも終わらせ方で苦労したのでしょうけれど、それを感じさせないというか。

M 役者たちもそのうち納得してきてはいますね。始めて参加した人たちが『これ、どこで終わるんですか?』と聞いてきて、周りが「松本もどこで終わるか考えてないんだよ」って(苦笑)。だから客電がついた時点で終わりっていう、まあそういう感じです。一方で今回、『城』のエンディングをどうしようかなと思ったんです。前に新国立劇場でやったのは二〇〇五年、もう十年近く前です。原作は、Kが馬車引きと一緒に消えて、次のシーンで馬車引きの家に、馬の世話をしてくれと連れていかれ、家に入ったら暗がりに母親であろうお婆さんがいた、ってところでぷつっと終わるんです。

その直前の場面では、自分の部屋にいっぱい洋服を集めている宿の女将さんが……これもイメージ的に面白くて、何百枚もの服が部屋に飾ってあって、何の役に立つのかわからない。

そういうマニアックな人がいて、誘惑されるわけじゃないけど、また遊びに来てねと言われ、そこを出ると馬車引きに出会うんです。そのとき、これは原作もそうで「あなたは絶対に自分のことは語らないのね」「何者なの？」と問うわけです。ぼくはそれに対し、やはりカフカの引用で言い返すよう演出したんですね。「あなたたちだって、自分が何者だかわからないじゃないですか。なのになぜ、そんな質問をするんですか」と言い残して帰るエンディング。一応収まりのいい感じですが、初日に見た瞬間「失敗した」と思って（笑）。これはなんか気持ち悪いなと。それで、その後の再演ではただ去っていく形にしました。もう城に近づけないのか、やめちゃったのか、新たな戦いを始めるのかわからないけど、あえて指し示さずに終わったほうがいいと思って。

今野さんにメールを頂いて嬉しかったのは、『城』への道は閉ざされたようで、必ずしもそうでもなく、とりあえず居場所を見つけ、何かしらの道もあるんだという感じがする、そう受け取ってもらえたというのがね。ぼくもそういう感じがしているし、そう思えるエンディングにした気がします。やっぱり今、私はこう主張したいんです、こう思いますとか、断言をされてもなあ……というのがあって。

Q　たしかにカフカの小説は、舞台化において自由な部分もあると思いますが、文脈がないようで、ありますよね。カフカ的身体というか、感覚というか。それを都合のいいところだけ文脈を外してカフカを使う。いわば自分が言いたい何かのために、ズルをして使うような例も多いと思います。でも、それはもうカフカではない。対して松本さんは、一種の確信、それは今は素材・断片だけれど、カフカはこう編集し直すかもしれない、こういう可能性も考えただろうというあたりをつくっている感じがします。

M　どうなんでしょうね。ただ、ひとつ納得がいったのは……たしか池内さんが書いていたのかな……書けなくなったから筆を置いたのではなく、彼の中では完結したんだろうと。もともと出版しようなんて思ってないわけですし。

Q　小説的ルールにおける綺麗な終わりではないけれど、書くべきことは十分書いたから終わる。松本さんの舞台も、演劇のルールに従ってみんなが喜ぶ「終わり」とは違う。それを目指すときに、カフカってぴったりだなとも改めて感じました。

カフカとそのユーモア

M　『審判』『失踪者』の二本立てをやったとき、評論家の長谷部浩が「作業はおもしろいんだけど、カフカを使って、そこに松本さんのメッセージ、思想を入れなきゃ」ということを言われました。ぼくは「そういう芝居もあるだろうけど、ぼくにはメッセージはないんです」と返したんです。カフカ原作では、オーソン・ウェルズの映画『審判』もそうで。あれは第二次世界大戦後の核戦争時代の不安とかを描くのにカフカを使っている。それもアリだし、面白い部分もあったけど、ぼくはそういうのを見ると……メッセージはあるけどユーモアがねえなぁと。だって、カフカはふざけてるじゃないですか。

Q まじめな顔しながら、へへっと笑ってもらいたがっていた作家ですよね、きっと。

M 『変身』も当時のカフェ文化で作家本人が朗読会をしたとき、周りはゲラゲラ笑ったし、カフカもプッと吹き出しながら読んでいたのは有名な話ですね。こんなもの書いちゃって、というユーモア感覚が彼にはある。「え、ここでそれやるの」「こんな人出てくるの」という。それはやっぱり、ある意味でふざけている。彼は同時代の映画や芝居も観たそうで、東欧のイディッシュ演劇で、ユダヤ特有のジョークで日常的・政治的なことも皮肉を言い合ってゲラゲラ笑うような劇団の有名俳優とも友達で、小屋にも入り浸ったという。ぼくが想像するには浅草の軽演劇なんかにも近い気がするけど（笑）、その感じはカフカ作品にもあると思う。作中の人々が言うことも、とにかく矛盾してるし、『審判』主役のヨーゼフ・Kにしても。そこまで行ってるのに、そこで女と寝ちゃうの?っていう。

Q　追いつめられてるのに、そこでちょっと隣の女の子のところに行ってしまう。

M　でもあれがぼくなんかには、リアリティがあるというか、安心する。それこそ劇団の経理の調査で追い込まれたときなんか（苦笑）、くだらないこと考えたり、女に走ったり、酒飲んだり、アホなことしたくなっちゃうことはある。後から考えれば、あのとき寝過ごさなければ……みたいなことも。カフカの登場人物って、みんな寝過ごすんですよね（笑）。

Q　そうですね。チャンスのときに寝過ごして、本人はそれに気づいてもいなかったり。さらに、それで殺されちゃうの？っていう。うまく立ち回れば助かって、いい暮らしができたのに、なんでこうゴロゴロと転落していくのか。

M　かつそれが反権力とか、自分のモラルに反するからとかじゃなく、単純な邪心や怠惰な心とか、ちょっと女に惹かれたせいでチャンスを失くしちゃう。そこが面白いなと。カフカ三部作をやった時期、特定秘密保護法案がちょうど通ったじゃないですか、十二月の頭あたりに強行採決で。それで、松本さんも危機意識でカフカをやったんだよねと言われて。でも実際はそんなことはない（笑）。もちろん『審判』も『城』も公権力を描いているし、ああいう世が日本にもくるんだ、という文脈で読み取ってもいい。そこは原作の先見性もあるし、そういう解釈も以前からあったし。だけどもぼくや役者たちは「俺たち、そんなこと稽古場で全然考えなかったよね」って（笑）。

Q　もしそれがあるとしたら、当時のチェコの状況が、現代の日本に近いんでしょうね。でも、そんなことを言うために演劇はあるんじゃないとも思う。

M　そう。ぼくらは稽古時期には飲み屋で「何かあの法案、通りそうだな」「野党のあいつは賛成らしいぜ」とか、時事ネタとして話してはいるけど、自分たちがやってる芝居と結びつけようとか、それを盛り込もうとは考えなかった。

Q　それは新劇の頃からつながってきた、演劇観のあり方なんじゃないですか。演劇に社会的メッセージを入れなきゃという、ちょっと社会主義っぽい流れはある。でもそれが演劇かどうかっていうのは、もう一度問う必要はありますよね。何かの道具にされるのでは、演劇が可哀想というか。

カフカ劇におけるエロティシズム

Q　もうひとつぼくが言いたいのが、松本さんのエロっぽいところ、エロの出し方が好きなんです（笑）。実際に体が重なるシーンより、みんなで黒い服を着ていて、意外な瞬間にさくっと脱いだり、ちょっと脱いで下着で動いたり。ふつうのスポーツブラ的な、全然エロティックでないものを着てるんだけど、何か妙にエロい。

M　おおっぴらに公言はしないですが、芝居・劇場の魅力の大きな要素のひとつだと思うんですよね。『アメリカ／失踪者』ではカール少年の役を女の子がやるんだけど、とにかく着替えさせたんです。初演後、パブリックシアターでの「劇評セミナー」で、参加者たちの評論を読んでぼくが感想を言うことになりました。面白いのもあったけれど、ほとんどがストーリー上のテーマ性について批評している。目の前で起こった事象については書いていないねと話して。蓮實重彥的な分析批評じゃないけど、今、言った「着替え」で論じるとか、ものを食う、寝転がる、あとはこの舞台で言えば主人公カールは必ず女にのしかかられる、女性上位の体位をとらせてるんです。そういうことは書いてくれた人がいなくて、不満ではないけれど、演出家はそういうことをしてるんだと話しました。

Q　衣装については担当者とどんな話を?

M　『アメリカ』の最初の衣装デザイナーはイギリスの人でした。欧米の一九一〇 - 二〇年代は彼女の守備範囲で、ペチコートから下着に至るまで、時代考証がなされた。女の子もパンティじゃなくて長い下着をはいているとかね。それで二番目のカールを演じたのは女の子だけど、着替えシーンではデザイナーは当時の男物の下着をはかせようとした。ぼくはそこでペロっとみえるのを今の女の子の下着にしたいと言ったんです。これがそのデザイナーには全然理解されなくて。「これは男役だし、あえて女ものの下着にしたいなら、やっぱり当時のものでなくてはならない」と。ぼくはいや、そうじゃないんだと（笑）。無印良品で売ってるような、ごくプレーンな現代女性の下着で、胸のラインが見えてもいいんだと話したら「あなたが何をやろうとしてるかわからない」と言われてしまって（苦笑）。また後半では、ホテル従業員のジャコモという男の子を、やはり女の子が演じます。これはぼくがつくった場面なんだけど、そのエレベーターボーイに「お前、今日から女中になれ」と。それで舞台上で服を脱いで女中になる。あとの場面で、その制服をまた奪い返して男の従業員に戻るっていうのをやりました。

Q あのシーンはよかったですね。

M 舞台上で着替えさせるのが好きですね。もちろん楽屋ではみんな日常的にしてることだけど、ふつう舞台では見られない。着替えで何者かになる、というプロセスまで見せてしまうのは、それがエロかどうかはおいても、面白いじゃないですか。

あと『審判』に関しては、衣装担当に「これはストッキングと女の脚がテーマだから」と言って（笑）、シーム（縫い目）のあるストッキングを用意してほしい、必要なら予算を回していいと頼みました。カフカは洋装小物店の息子なんですよね。それで『審判』でも最初に、銀行員ヨーゼフ・Kの下宿屋でおかみが夜中に靴下をかがってるんです。

よく読むと、そういう描写がいくつかある。裁判所の洗濯女が判事から贈られたのが絹のストッキングであるとか。それもあって、もう（演出としては）ストッキングだと。変態と思われたかもしれないけど（笑）、そんなことをどうみせるかというのには興味ありますよね。

Q でもそれは、やはりカフカありきのことですか？

M そうですね。カフカの原作中にそれがありますものね。あえて創作したり、付け加えたりしなくても魅力的な素材がある。カフカのテキストって演劇的発想に合うというか、何か見つけられるんですよ。『変身』では、虫になったグレーゴルの部屋に雑誌から切り取ったポートレートが貼ってあります。それが当時のマゾッホの小説『毛皮を着たヴィーナス』からきてるのではという説もあって。グレーゴル・ザムザは、部屋にそんなエッチなグラビアを貼っている（笑）。それでぼくはこの作品を舞台化したとき、妹が餌を持ってくるときに、毛皮に下着の格好でひゅっと出てくるというのをやりました。それも何か色っぽい要素のあるものだという感じがして。別の作品でも、ある紳士の飯の食べ方は、は虫類のように「フォークが近づく前に舌が伸びてる」とか。女の子も、口をものすごく大きくあけて肉を食べるとか。食べる行為はやっぱりエロティックでもあり、それが面白いなあと思う。本筋じゃないものがいっぱいある。ただぼくは、そこもカフカにとって大事な描写だったと思う。だから、ほんとは十二時間バージョンくらいで……

Q　全てを芝居でやってみたい（笑）？

M　ええ（笑）。また、たまに公演を離れてカフカの原作をぱらぱら読み直すと、自分が芝居で使ってない部分で「うわ、ここも面白いな」という発見があります。

Q　そういうのだけを集めて、それこそストーリーを無視してただ連ねていっても、ひとつの舞台になるかなと思わせます。裏版『審判』ができるかもなと。

松本修が読むカフカ

Q　さきほど、松本さんが『城』の演出は最後まで「城」への道がついているというメールでのぼくの感想の話がありましたが、ぼくは小説を読んでいて、最後のほうはもう城のこと忘れてるエピソードのほうにとられてしまっていて。松本さんの芝居を見て、いや、この小説って、城への道、イメージが最後まで描かれているんだと改めてわかりました。ぼくの読書体験のある欠如を、あの舞台の演出を通じて気づかされました。カフカ文学にメイン／サブはないけれど、肝要な通底しているところを絶対落とさない松本さんはすごいと思います。松本さんは、文学としてのカフカをどう読んでいるんですか。最初は読み切れなかったのが、舞台で使おうと向き合ったら読めたという話は印象的でした。

M　あまりにも膨大なんでね、舞台をやる前には、ぼくなりにそれを分割するんです。これは『城』の初演のときのもの（抜き書きしたカードの束を見せながら）。ほぼ原作の章立て通りですけど、ここまでが第一ブロックかなとか。

Q　カードには行為も、イメージも書いてありますね。何を拾い出しているんですか？

M　とにかくぼくが重要だと思ったこと、というか。まあ大体はストーリーをベースに書いたんですけど。それで何となく「これだけはやりたい」というのがわかってきて。次の段階では、ここは踊りにしちゃおう、ここはイメージシーンにしようとか。これが演出ノートのベースというか、これを使って「今日は14番のところ、ちょっとやってみよう」という感じでした。

Q　エチュードはそうやって進んでいくんですか？

M　ええ。で、今日は原作のこのページを読んでくれ、今からこの場面やるから、と。数グループに分かれて、そうするときっちり順を追ってやる人たちも、「じゃあこの部分だけやろうか」という人たちも出てくる。それで二時間後にみんなで見せ合うと、ぼくも考えなかった面白いのが出てきたりします。「それどういう設定？」って聞いて、空間やシーンについて話していく。そこからずいぶんヒントを得られました。

それで翌日に「昨日のシーン、今度はこの空間設定でやれない？」とまたグループを組み替えて……という作業。これを二、三回やると、このシーンは成立するなというのが見えてきます。

Q それは何をもって決まるのでしょう？

M まあ、面白いか面白くないかです（笑）。または面白くなりそうか、絵として美しくなるかどうか。ワークショップだからセリフは入ってないけれど、そういう道具立てで延々とナンセンスなことを言うのも面白いな、とか。それでも『城』だと100シーンぐらいになるんです、やれるところが。そこから30くらいに絞っていく。それでひとつの物語ができる形を考えていきます。でもそれを全部やったら六、七時間かかる（笑）。それで本番までに、今度はぼくのデスクワークで15〜20シーンにしようと試みる。シーンを削り、一部は他のシーンに活かしてという作業の中で、構成案ができていきました。

Q もし100シーン全てやったら、十数時間。先ほどの話がそれですね。でも、客が飽きずについてこれたら面白いかもしれません。ピーター・ブルックのようなものと一緒で。

M 二晩くらいに分けてやるとか、各回三、四時間で三夜連続でやったりしたら面白いかな、とも思いますけどね。今の形を「長いよね」っていう人たちもいたけれど、それはストーリーを追っていく上で「長い」と思ってるのでしょう。たぶん、そういう人たちには不要と思われるシーン、ヨーゼフ・Kがスラム街の洗濯女や、画家を訪ねて行くときの、町の様子を描くシーンがあります。少女たちが集まって、一見ルールのわからない不思議なゲームをやっている。原作には記述がないけれど、芸術家のところにたむろしている少女たちだから、じゃあ彫刻ごっこでもするかという感じで。踊れる子を何人か配して、へんてこなワンピースを着せたり、せむしの子がでてきたり。そこをヨーゼフがうろうろする。

ほんの数分だけど、実はぼくにとっては極端な話、あのシーンだけあればいいというくらい重要。カフカの描写が面白いし、それを簡単なセットで、明かりと音楽と役者の動きだけでできるかどうか。そういう演出が、実は一番楽しいです。

松本修の演劇的なるものとは

Q 松本さんにとっての演劇とは、演劇化しにくいものを演劇で表現していくようなところですか？　観客が思わず泣いてしまうエンディングとか、社会性などではなく？

M　生意気なことを言えば、泣くような場面はね、そんなに難しくない。最低限の情報があって、最終的に役者がぽつんと立って、ある種の音楽を流して明かりを絞っていけば、たいてい誰でも感情移入はできます。むかし山崎哲がそういうことを言っていて、ぼくもまさにそう思った。舞台空間を担える役者、あるいは舞台上で孤独でいられる役者かな…そういうのが一人、空舞台にいれば。

Q　舞台上で孤独でいられるというのは、その演劇に流されないということですか？

M　何だろう、孤独な俳優が、良い俳優という気がしています。数百人の観客の前で、ひとりぼっちになれる人。「私はあなたたちにメッセージを伝えたい」ではなく、本当にこう、宇宙に存在することの孤独感を抱えていられるというか。

Q　虚構である劇空間を支えられる、あるいは空間と会話できるっていう。

M　うん。でも、単に演劇の虚構空間で物語に生きるのとも違い、ただ宇宙の中で立っているみたいな。その人を見てたら、ああ人間って孤独だ、一人なんだなというのが伝わる。有園芳記なんか、そうなんですよ。ワーってやって、最後にポツンとひとりでいると、ほんとに寂しそう。かつ、それは表現じゃなく、あいつ自身が何かギリギリのところで立っている。

なんて言うと「俺は表現してるよ！」と当人は言うかもしれないけど（笑）、その人の存在の不安が見えてくる。そういう人なら主役ができるかなあと。最終的には、過剰な表現意識が消えたところでもできるっていうね。でもそのためには、フィクションをいっぱい生きてこないと、という気もしますが。

Q ＭＯＤＥのみなさんは個性的で特殊な演技もできるんだけど、たとえば「高田恵篤が演じる」というより、あくまで俳優Ａという感じで出る個性ですよね。

M それはありがたいですね。けれど本人は公演中のアンケートを見ていて「ＭＯＤＥのアンケートって、俺のことを良いって書く奴なんて誰もいないんだよな」って（笑）。

Q 昔の文脈でいくと「自分用の演技」をしない。どこにいっても高田恵篤は高田恵篤、って部分ではなくて、でも確かに技を、エネルギーをものすごく使っている。いわば、俳優の名前がうるさくないけれど、何かを出しているのが良い役者ですか？

M 僕は稽古で何かを潰しているつもりはないけれど、自然に「私が、私が」という部分を必要としなくなるというか。まあ、それが突出してくるとぼくはやめてくれと頼むんですけど（笑）。見たいのはお前の表現意識ではなく、この空間と時間そして人間だからということです。

Q　松本さんにとって、役者と演劇をつなぐのは何でしょう？　演出家で主役もやる座長が全員分の台詞を本読みして、自分のしゃべり方をみんなに写すというのはいまだに行なわれているところがあります。口調を写せばその演出家＝役者の身体のくせ、台詞回しが植え付けられて周囲に蔓延し、それによって舞台がキープされる。でもそれって昔の旅回りの芝居が口立てでやってるのと一緒とも思える。出所が違う人たちを一緒にしていく方法として有効かもしれないけれど、もうそれはいいんじゃないかとも思います。対してMODEはそれとも違う、まさに「くせ」の「消し方」なんですよね。でも役者は個性的。だから何によってああいうふうに、役者の個性をたてたまま自我意識を抑えているのかなと思って。

M　まさにそのためのワークショップなんですね。たとえば、何か独特のしゃべり方で固定化してしまうと、こいつはこの役が相応しいと思っていても、あえて「ごめん、配役チェンジ」って全然違う役をやらせる。それで悪戦苦闘してるほうが面白いかなって。

Q　またゴダール的、じゃないですけど、客体化というか、ちょっとできない自分を見ながらやる状態もきっといいんでしょうね。役者にとっても。

M　この前のカフカ公演は万有引力に出てる子が三人ぐらい参加したんですが、この作業を始めた十数年前に出会った天井桟敷出身の俳優たちとは全然違っていて。もちろん、寺山修司さんがいるころとは現場も違うのは当然なんだろうけれど……身体は利くし、色々やれるんだけど、セリフに関しては、ちょっと独りよがり的なところがあるようにぼくには思えたんです。そこで「いま君が発した言葉は、君にとっては大事なセリフなのかもしれないけど、この劇の中では一個人の言葉にしかすぎなくて、同じ空間にいて黙っている何人もの登場人物たちの存在と等価なんだよ」みたいなことを、稽古では言いました。もっと嚙み砕いた言い方ですが。果たして伝わったかどうかはわからないけど。気持ちを入れて演じることと、たとえばいきなり役を入れ替えて、うろ覚えの台詞でなんとかしゃべることの違いは大してないのかもしれないよ、とも。セリフをモノのように扱える客観性があると俳優の演技の幅はグンと拡がりますよね。個性を潰すというわけじゃないんですが。個性はどうやったって出てきますからね。

Q　抑えられてはいない。でも全体が客観的に見える、感じられる。いま台詞を投げかけている相手の側からも舞台が見える役者になる、というのはやはり大きいのですね。

M　ええ。なかなかね、そうはいかないんだけど。たとえば十五年くらい一緒にやっている石井ひとみは、状況劇場にいて、その後は新宿梁山泊にいた女優で、セリフをわーっというのも好きだけど、自分の出番以外もちゃんと見てるから「別の役やってみて」となって、他人の役をやってみると、それがとても良いんですよ。「なんでそれが自分の役でできないの」って言うんですけど（笑）、それはなかなか難しい。役者は、だいたい代役やってるときのほうが良いですね。ある意味無責任で「この役にならなくちゃ」というのがないぶん。

踊りの肉体と演劇の肉体が融合しているMODEの舞台

Q カフカの言葉で描かれた「もの」には中途半端な象徴とか作品の感情がのっていない。クールというと言葉が違うかもしれないけれど、その言葉とものものもつ関係の重要さみたいなものもありますよね。カフカは情景描写に作者の気持ちをのせるようなことはしないし、逆に描かれたものの総体から不気味さ、得体の知れない感じがあります。それは深く読み込んだから感じられるというより、ごく普通に。

M この前のカフカ三部作では、イデビアンクルーの井手茂太に振付けをやってもらいました。それは、このシリーズをやれたことのひとつの成果だと思っています。まず重要なことは、というのもなんですが、井手さんはカフカを読んでない（笑）。ダンスでカフカを取り上げる人はいて、たとえば錬肉工房の岡本章さんや宇野萬さんがいますね。宇野さんは見に来てくれて、「ぼくが読んだカフカと違うんだよな、『変身』も踊りにしたことあるんだけど」って。どう違うのかわからないし、うまく言えないんだけど、ぼくから見ると彼らのカフカは、何かになってしまう深度は深いかもしれないけれど、一方で入れ込みすぎというか。ユーモアっていうのは、対象との距離感じゃないですか。一方で井手さんは最初、まず原作を読んでって頼んだら「ぼくなんかにこんなの読めるわけない」とかいって（笑）。仕方ないから、この役はこういうことをするタイプの女で、この人はこういう役割を担ってる、と話してあげた。振付けたのは、主人公が夜寝てるとき、今まで関わった男女が夢の中に出てくるという、原作にもある場面。それを踊りでやらせようかなと思って。曲の候補と、役者十人について説明して、でも夢の中だからペアで踊る組み合わせは物語と対応しなくていいことにしました。でもそしたら、井手さんは話がわかってないはずなのに、できた踊りの組み合わせは原作に近いものになった。彼に聞いたら、役者の選び方じゃないの？って。たとえば、この背の高い女の子と、コロンとしたおじさんが組んだほうが面白い。そういうふうにキャスティングしてるからじゃない？というわけです。他にも男三人組とかも面白い。これはカフカにも、小津の映画にもよく出てくる組み合わせですね。そのあたりを井手さんはわかっていて、気持ち悪いくらい、ぼくが作りたいもの、あるいは原作と符丁が合うダンスになったんです。

Q　踊りの肉体と演劇の肉体が同時に舞踊で作動しているのも驚きでした。ダンサーがセリフを言うとき、ダンスをする身体状況と言語を発する演劇の身体はすごく離れてるから、踊りながらセリフを言うのってほとんどできない。

コンテンポラリーの優れたダンサーたちもそれをしようとしたら、でも最初は叫び声くらいしかでないいんだよね、と言っていました。逆に、演劇は言葉を使う表現で、その中でいわゆる本当の踊りを動かした瞬間に言葉がとまって、言葉に戻れなくなっちゃう。それが松本さんの舞台では、どうしてあんなにスムースに動いているんだろうって。

M　ひとつには、もちろんダンスをやってる子もいるし、舞踏経験者もいるけれど、ダンスだけが専門という人はいないんです。実は、今回は三本立てでおじさんたちも高齢で大変だから、ちょっとオーディションやって、アンサンブル的に踊れる子を何人か使いたいという話も当初したんですね。そしたら井手さんが珍しく「ぼくは反対」だと。絶対に浮くから、ダンサーの踊りになっちゃうからと言うんです。たぶん井手さんの中でも、ダンサーと役者とで、振り付け方は違っている。今回は芝居の一部だから、踊れる俳優ならいいけれど、ダンスしかできないのはイヤだったのでしょう。

前に井手さんと話したときに、ぼくと共通するなと思ったことがあって。「何で芝居やってるの？　芝居好きなの？」って彼が聞いてくるので、「好きなところも嫌いなところもある。何が嫌いかって言えば、ある種の俳優は、役者でございい、ぼくやれるよっていう顔をするから」って返しました。そしたら井手さんも「それはダンサーも同じ」って言って（笑）。音楽が鳴った瞬間にダンサーモードになって、顔から身体から、踊れます！ってのが出る、その瞬間に嫌だなと思うことがあるそうです。

Q　それは外せないけど、そういうものだけが出ちゃうとつまらないかもですよね。

M　だから井手さんは、ダンスの形になる前のダンスを作りたいんだと言っていました。ぼくも、もし役者の何かを突出させない芝居を作っているとしたら、彼らが役者モードに完全に入りきる場所とはちょっと違うところで作る面があるからかもしれない。

Q　舞台で演劇とダンスが見事に組み合っているところが、ぞくぞくするくらい良いですね。踊りからの流れも、フッとフェイドアウトしてパッと演劇に入ったり、切替を鮮やかにしていたり、ああいうシーンはほかで見たことがない。また芝居の一シーンとして見えるように身体が動いている、セリフのない表現シーンみたいなものもあります。

M　そこらへんは井手さんの作り方も面白くて。ぼくが「このあたりから音楽流して踊ろうか」と言ったら、「いやごめん、その前のこのセリフ三つ、大事かもわからないけど、いっそ無しにしてそこからいきなりボンボンボンって踊りに入ったら?」というから、実際やってみたら良かったりするんです。

Q　カットイン、フェードイン／アウトのタイミングはすごくいいですね。かんでいるところもあるし、演奏みたいです。音楽も、そのイン／アウトを含め、演出でこだわる部分なんですね。ある意味、役者と同じくらいに重要?

M　ええ。最終的に人の動きやセリフだけで見せるシーンもありますが、ぼくはワークショップから常に手元にデッキを置いて、CDを積んで芝居の前や最中に流します。「この音楽を十秒聴いて、やってくれない?」とか、東欧のクレズマーの四、五分の曲とかで、曲の入りから終わりまでに演技を収めてと頼んだり。すると、人にもよりますけど、口で何か言うより、その音楽の構成やリズムが身体に入っていって、最終的には音なしでもちゃんとできるようになるときもあります。役者って面白いなと思う。ある種の演技法ではそれらをシャットアウトもするけど、「悪いけど音かけるから、それを聴きながらセリフ言って」と言うときもありますね。

「書かれたそのまま」を演じてみる

Q 松本さんの舞台は、カフカを身体的に読み込んで作っているイメージがすごくあるんですが、エチュードのときも、役者たちに「身体優先で読み込め」みたいな指示をされるんですか?

M 小説だから当然、セリフや会話が書いてある部分はあるけど、そこには地の文、戯曲のト書きみたいな部分も膨大にあります。カフカはそれもしっかりくどいくらいに書いている。短編では、逆に会話が具体的には書かれていなかったりもする。たとえば『中年のひとり者ブルーム・フェルト』は、帰宅すると部屋に玉みたいなものがいて、ピョンピョンまとわりついてくる。それをタンスの中に押し込んで翌朝出かけて行く、みたいな話。部屋に入ってベッドへ進むと、ふと台所に玉が見えた、なんてことが延々と書いてあるわけです。それを役者にやってみてよと言うと、当然、言葉なしでその玉をどう表すかとなる。ぼくらの公演では最終的に女の子ふたりに(玉を)やらせたんですけど。カフカの小説はあまり心理そのものは書いてなくて、人物の見た目や、行動が書いてある。

Q たしかに。さらに難しいのが、三人称で書いてあったのが、ときどき主観が混ざってきたりする。

M それがまた面白いですね。で、ぼくらはまずそれをアレンジせず、とにかく書かれたままやってみるというのをいつも試みます。『城』『審判』『失踪者』ともそうでした。たとえば『失踪者』でカール君がポランダー邸を訪ねるところは、召使いがいっぱい蝋燭を持ってる演出にしたんですが、そこをウロウロする。それで大きなテーブルクロスをバッと拡げて、テーブルに掛ける。あれが好きで、あれをやりたくてやってるだけとも言える（笑）。

Q あのウロウロはすごくいいですよね。人が列になって一杯でてきたり、あの群衆の部分にカフカらしさがよく出ている。

M あの舞台ではカール少年が、わがままなお嬢さんのクララにベッドで襲われそうになるシーンもあります。それもト書き通りにやってもらうわけです。今まで三人の女優にやらせたんですが、原作では、もし気が向いたら私の部屋にきてね、と言い「三段跳びをして」部屋を出ていったと書いてある。ぴょーん、ぴょーん、ぴょーんって。さいしょ、どの女優もそれをやってくれない。すっと帰っちゃう。やってよ、と言うと逆に、何で三段跳びなんかするんですか、となる。

Q あれは本当に変なところだから。役者としては、ぴょーんと跳ぶ理由がないとできない？

M　でも原作にはそうある。もちろん理由は書いてませんけれど。よく指摘されるように、彼が当時見た無声映画の影響かもしれません。ともあれ、そういう描写がいくつもある。「ポランダー氏はそれを聞いたときに飛び上がった」とか。「飛び上がらんばかりに驚いた」ではない。だからそうしてって役者に頼むわけです。あなたのリアリティとかじゃなく、とにかくそう叙述してるんだからと。そしてやってみると、絵として、運動として面白いんですよ。

Q　そのことによっても、作品がカフカ的になっている？

M　他にも、飯を食うときに「舌を長く伸ばして」という箇所で、本当にできるだけ伸ばしてくれとか（笑）。間尺に合わなかったり、当人もぎくしゃくするけど、なぜか面白いんです。動きに限らず表情とか、外見についての描写が多いですね。

Q　でも役者にすれば大変ですよね、理由がないと何かやらないのが役者の本性なわけで、理由がなくても身体を動かすというのは、むしろダンサーのものだから。

M　ある登場人物は、顔が皺だらけで、その皺の中に目鼻口がある。だからそれもメイクじゃなく、実際ずーっと顔に皺を寄せたまま立たせたり。それでセリフ言わせるとまた面白い。ほかにも歩き方、身体の傾き方、服装の細部まで……。見つけ出すと山ほどあるんです。これは演技のレッスンにもなる。その点でもカフカは演劇の魅力的なテキストであると。カフカから得たインスピレーションを抽象化したり、咀嚼して身体表現にするやり方もあって。錬肉工房の岡本章さんの舞台を見てるとそう思うんです。ただぼくはそれとも違い、言ってしまえば、書いたままやってるだけ。でもそれが面白いなあって。だから空間も。本当に異常に長い廊下があって。ドアがいっぱいあるというのを奥行きある形でできたら面白いなあとか考えます。カフカはある意味で目の作家というか、見ることがよっぽど好きだったのかな。多くの作品では人の内面をかなり書いていて、それこそ孤独とかについて叙述している。でも同時に外面、見えるものについて多くを書いている作家でもある。そこも普通の小説や戯曲より惹かれるところです。ちょっと文字通りにはできない身体表現もあるんですけど(笑)、そんな人間がいたら面白いだろうなと思わせる。

Q 紙に書かれたことを立体に、動くものにするのは、演劇の一番の醍醐味ですかね。

M そうですね。それこそ『城』ってどういう形だ?というのがあります。『カフカと映画』(ペーター＝アンドレ・アルト)という本では、あの城はムルナウのドラキュラ映画『吸血鬼ノスフェラトゥ』に出てくる城じゃないかと書いてますけれど。あの城なんかも、そのままつくれない形を探る喜びがある。単にひとつひとつ描写を重ねていっても図にならない、みたいな。あれはカフカがプラハの町をぐるぐる歩いてるその構造を書いたのではとも言われるけれど。それがまさにイメージで、正解がない中で美術家や役者と一緒につくっていく。それはやっぱり楽しいですね。

Q　未完の話と一緒で、『城』も形になっていない状態で置かれている、過程みたいなものですね。たどり着けるならやってみれば、という感じで。そして、具体的な形を思い浮かべるような要素を書いていない。

M　そうなんです。なんとなく二階か三階建ての建物の複合体に思えるけれど、よくわからない。あとこれは文学的で、演劇では表現できないけど、城のほうをチラっと見ると、向こうからも見られているような気がするというような描写があったりして。そういう、作品の面白いところを試したいとも思っています。

Q　よいシーンや描写を用いて、特定タイトルに負わないカフカ演劇なんかも、できるかもしれませんね。松本演劇、MODE演劇が、あのカフカの三部作でかなり実現できたというのは、ご本人的にもあるんですか。それとも、まだまだやりたいことがありますか?

M　かなり色々なことはできたと思います。空間の面で、もう少しどうにかならなかったかな、とかはありますけどね。でもその多くは突き詰めるとお金の問題かな（苦笑）。より具体的な空間にしたいとかではなく、むしろよりシンプルにできたんじゃないかと。もちろんスタッフは本当によくやってくれましたし、ああいう中で、場面転換をいちいち見せながらやるのも、役者はしんどいけど、楽しいでしょう？

Q あれ、すごくいいですよ。主役的な人がものを運んでいたり（笑）、ふつう暗転するところをそのまま転換したり。ある種の劇場のリアリティというか。

M ぼくはブレヒト主義者じゃないけれど、彼は自分の舞台を、頼むからロマンチックな熱い目で見ないでくれと言って、『ガリレイの生涯』に「舞台美術家の諸君、ここにバチカンを作らないでくれ、あくまでも劇場に見えるように」と記しました。そこはぼくも一緒で、役者と空間と明かり・音の力でひとときの幻想ができて、それがまたなくなるというのがいい。むしろそのほうがロマンチックかと思うんです。

Q 寺山修司さんもそんなことを言っていました。何もない空間からみんなで立ち上げて、終わった後には場面も全部なくなって、そこまでが演劇だ、最後は何もない広い倉庫なんだってところまでわかってもらわないとダメだよねと。その倉庫は皆の生きる毎日の日常につながってる、だから虚構なんだよと。

M　まさにそうですね。ぼく、昔からバラシが好きなんです。労働がってわけじゃなくて（笑）。たとえば文学座の旅公演なんて市民会館なんかでやって、研究生はバラシから、トラックへの荷積みまで参加して、最後にもとの市民会館に戻る。あの感じはいいなと思っていて。文学座の芝居より、そっちのほうが感動的だった。

Q　そのギャップが大きいほど、演劇は面白いとも言えますよね。

「カフカ作品の誘惑　現代演劇のテキストとして」（二〇一四年『夜想♯カフカの読み方』より）

2　演出家のメモ——『城』

カフカの作品の中では、一切が人生の劇的上演なのである。小説の中身がすでに劇として作られている。現代演劇の特質を「不条理性」と「遊戯性」とするならば、まさにそれらの要素に満ち溢れている。『城』はカフカ最大の、そして最後の長編小説である。

〈劇的な時間〉

五日六晩にわたる話であるが、そのほとんどが、晩か深夜か早朝である。しかも、五日間の昼のうち、三日間は昼中眠り続け、最後の日も昼の十二時間を眠り続け、夜に目覚めるところから始まる。

〈劇的な空間〉

そもそも城は、あると思えば現出する城なのか、それとも、現実に確固として存在する城なのか、一切語られない。村での最初の宿（居酒屋）、Kが住まうことになる小学校、様々な女や役人と出会う料理屋（貴紳荘）。それらの外観および内部は、あたかも「舞台装置」のような構造を持っている。つまり「夢の中の建造物」ともいえる。

〈劇的な登場人物〉

主人公Kを取り巻く村の人々は多彩である。まず、それぞれのやり方でKに好意を寄せ接近してくる魅力的な女たち。かつてクラムの愛人であったと自ら語る料理屋の女将。クラムの現在の愛人でありながら、Kと関係を持ってしまうフリーダ。謎の美人姉妹、オルガとアマーリア。ブロンドで冷酷な美人教師ギーザ。フリーダの後釜の愛人となった女中ペピー。そして、不可思議な男たち。一方的にKの助手を務める瓜二つの二人の男。俳優のような秘書バルナバス。けっして姿を現さない大物役人クラム。小心で典型的な官僚タイプの村長。愛されていない女教師に付きまとう寡黙なシュヴァルツァー、等々の個性的な人物たちが次々と現れては消えてゆく。

ワークショップを積み重ねた俳優たちとスタッフが、どのようにテキストとしての『城』を身体化し、舞台化していくか。そのプロセス全体が現代演劇の成り立ちを考え、現在における「演技」を検証する作業となろう。

「観ることの快楽」を徹底的に追求した斬新な舞台を創り出したい。

「絶望的な自由。空間が広々と自由であればあるほど、息がつまりそうになる。**人間は自由な空間で窒息する**。人はできれば閉ざされた安楽な生活を他人と共有したいと望むものである。そのくせ決して飼いならされたくはないのだ。これこそが『城』に描かれた人間的側面である」

（ジャン・ルイ・バロー）

（二〇一三年『城』再演時の企画書より）

3　ぼくは東欧に居続けたかった……

東欧では、何も策を弄さず、東京でやっているままにやってきた。気になっていたのは、使用している音楽がどのように受け取られるか、それくらいだった。多用するクレズマー（東欧のユダヤ系音楽）のもろ本場である。現在のユダヤ系文化の現地におけるポジションがどうなのかがわからなかったからだ。違和感があると指摘されるのではないか。結果は「素晴らしい選曲である」と多くから声をかけられ、曲名を教えてほしいと言ってきた若い女性客もいた。ほっとした。あと、稽古場で創作した「家族会議の場面」がユーモアとして通ずるのかどうかもちょっと不安だったが、東京以上に笑いが起きた。これは字幕スタッフの的確な翻訳のお陰でもある。

ルーマニアとモルドバでの満員と熱いスタンディング・オベーションには面喰った。もちろん、とても嬉しかった。一方、ぽつぽつと空席もあったプラハでのもの静かな、行儀の良

『変身』（2007 年、写真／宮内勝）

い観客の劇が始まってからの細やかな反応、多くの笑いも印象的だった。鳴りやまない拍手に、前日に訪ねたユダヤ人墓地のカフカの墓の光景をちらっと思い浮かべた。

ツアー中の不条理な出来事に関しては、やはりカフカの故郷東欧であるよなあ、と私は内心ほくそ笑んでいた。予定の時間に道具を載せたトラックが来ない、国境が越えられない、事前に頼んでおいた機材が行方不明になる、移動のバスが田舎道で火を噴く！等々、「何故か」という理由も定かでないことが度々起こった。スタッフや役者たちは随分やきもきしたに違いない。皆、終いには呆れ返り、諦めていたようだが、カフカ作品のツアーだもの、仕方がない。朝起きたら虫になっていることに比べたら、驚くに値しない。カフカの書いた世界は不条理ではなく、やはりリアリズムなのだ。

本日はご来場、ありがとうございました。東欧でやってきたままの舞台をお目にかけます。

（二〇一〇年『変身』パンフレットより）

4　ようこそ、カフカの迷宮に

カフカの小説は、ある人たちにとってはそれはもうマニアックに好きになる対象のようですが、一般的にはどうでしょう？　「むつかしい」「わけがわからん」「まだるっこしい」と思われているのではないでしょうか。

カフカ作品を題材にした芝居を何本も作ってきた私も、カフカの熱心な読者だったわけではなく、十数年前に、舞台化できるかなあ？　無理かなあ？と読み直してみて、初めてこれは芝居の題材としては相当に良い代物だと興味を持った次第で、それまではかなり苦手な「文学作品」でした。『城』などは、高校生のときから何回もチャレンジしたのですが、どういうわけか、紳士荘でKと女給が酒場の床で転がりながら抱き合うあたりで毎回中断してしまい、ぜんぜん読了できなかったのです。『アメリカ（失踪者）』や『審判』にしても同様でした。なかなか先に読み進めなくて、途中で必ず睡魔に襲われるのです。

ところが、舞台でやってみようとノートに絵を描いたり、メモを取りながら、読み始めたら、俄然面白い。さらに俳優たちにじっさいに演じてもらったらもう楽しくてたまらなくなってきたのです。いわゆる「戯曲」というものにはない自由さがあるのでした。叙述が一つのテーマに向かって直線的に進むのではなく、あちこち寄り道するし、唐突に何かがクローズ・アップされたり、逆にグーンと距離をとったりする。人物の身振りや風景の描写が延々と続いたりするところは、戯曲でいえばチョー長い「ト書き」のようで、それを身体を使ってやってみるだけで稽古場がうんと活性化したのです。

作品が未完結であったり、いくつかの断片や草稿が残っているのも、芝居作りの現場には好都合でした。完成させなくてもいいのだ、だって原作が未完なのだからと気が楽になったものです。断片を好きなところに挿入したりする編集作業も楽しめます。

今回の三作品は、この十数年にわたって稽古場でやってみた何十、何百ものエチュードの中から選びだしたもので構成されてます。もっと面白い、もっとヘンテコな場面もあったのですが、それらはMODEの倉庫にしまっておきます。

井手茂太さんのダンスも、斎藤ネコさんの音楽も、市来邦比古さんと一緒に収集したクレズマー音楽も、今回ここでお見せし、お聞かせするのは全体の何分の一かなんです。それらも倉庫にしまっておきます。

（二〇一三年『カフカ・プロジェクト2013年／三部作連続上演』パンフレットより）

5　稽古場日記より

①　稽古場日記○月○日

楽しい。今の気持ちを一言でいうとそんな現場だ。ほんとうに楽しい。少なくとも私は、と言っておこう。俳優やスタッフは、こりゃ大変だと思っているかもしれない。このカフカ・シリーズ、二〇〇一年の『アメリカ』が最初だから、始めてからもう十二年も経っている。

十二年前の記憶を辿ると稽古の当初は楽しかった。一年かけて色々な場面を俳優たちが好き勝手に試している時。井手ちゃんが来て、色んな音楽かけて、やはり自由にダンス・シーンを作っている時。これってどんな芝居になるんだろうかと私も含めて誰もわからなかった時。じつに楽しかった。でも、初日が近づいてきて、そろそろまとめあげなくちゃと思い始めたら、なかなか楽しんでばかりではいられなくなった。

はじめて「通し」をやってみたら六時間くらいあって、これはエライことになったなあと笑いながら、内心ヤバイヤバイと思いながら、三軒茶屋の「味とめ」で飲んでいたことを思い出す。初日の前、十日間くらいはピリピリしていたに違いない。今は初日の約三週間くらい前だが、まだ心には余裕がある。この状態のまま初日まで行けたらいいのだが、いったいどういうことになるのか、これまでにこのような稽古場日記は付けたことはないのだが、ちょっと試しにやってみようと思う。

②　稽古場日記○月○日

私はかれこれ十年、大阪にある大学の芸術学科でエンゲキのセンセイをやっているのだが、大学という組織はとにかく書かなければならない書類がじつに多い。試験問題とか成績報告書とかは、まあ、学校だから当たり前なんだが、実習費の申請、放課後にやる稽古の教室使用許可申請、個人研究費の申請、新採用とか昇格人事に関しての申請、自己評価書（！）、学生のアンケートに対してのリフレクション・ペーパーなるものとか、果ては不始末をしでかした学生の始末書にいたるまで書類、書類、書類……。私の小さな研究室は『城』の村長の話に出てくるある役人の執務室状態である。書類が積みあげられた高い山があちこちにあり、それが絶えず崩れ落ち、雪崩のような音がしているというあれだ。これだけパソコンが普及しているのに、ほとんどの書類はデータだけでは不可で、プリントアウトしてハンコをおして「紙」で提出しなければならないのだ。カフカの時代と基本変わっていない。私のように整理整頓が不得手な人間には増え続ける書類は恐怖である。まるで自己増殖を続ける生き物のようにもみえる。

そんな時にカフカを読むとホッとする。というか、昨日などは、今稽古している芝居のワンシーンに自分の日常が重なる。カフカの小説にはそんなエピソードが山ほど出てくる。書類に関してだけではなく、「事務」という仕事、いやそもそも「仕事」というものの「効率(非効率)」について執拗に書いているカフカ。この一例から見ても、カフカはちっとも不条理ではないのである。不条理ではなくリアルなのであり、リアルをちょいと誇張して面白く描いているのだ。そこいらがバスター・キートンなんかに通じるセンスで、だから私は大好きなのだが、どうもいまだにシリアスなところばかりが強調され、それがカフカの本質のように言われてる。真面目なカフカ愛読者やマニアックなカフカ信奉者に会うと、私はいつも「いやあ、私たちが作っているのはお芝居ですから」と逃げを打っている。

③ 稽古場日記○月○日

今回の企画『審判』は再演だが、『城』は三回目、『失踪者』は四回目の上演になる。再演の度に、出演者は約半分が変わるし、劇場やスタッフや、もちろん構成・台本・演出も変わる。今回の出演者でいえば、全二十九人中、カフカ作品の初出演は七名で、残りの二十二名は経験者たちだ。少ない者で一本、多い者は全作品に出演してきた。前の演出を必ずしも踏襲しているわけではないのだが、以前どうやっていたかは大事な情報であり、我々の蓄積だ。それを基に、面白いところはさらに面白く、未消化なところは今回こそ、納得のいくようにやりたい。

稽古場では、私の記憶のあいまいな部分をベテランたちが補ってくれている。ただし最初の『アメリカ』（現『失踪者』）の初演は二〇〇一年だから、もう十二年前だ。ベテランたちの記憶のあいまいさは私に勝るとも劣らない。

「たしかこの場面ではテーブルはこんなところにはなかったはず」「いや、テーブルはあった。しかし、椅子は置いてなかった」「いやいや、最初はテーブルも椅子もあったが、演出が何もないほうが良いと途中でなくなった」「そうそう、印象深いシーンだったと私のお客が言っていた」「ぜんぜん違う。この場面はゲネプロでカットされて本番ではやらなかったんだ」「いや、この場面、本番でトチった記憶がある」等々。なかなか記憶の混濁が激しくて、最終的にはビデオ判定となったりする。じゃあ、最初からビデオを観りゃいいじゃないかと思われるかもしれない。しかし、それじゃ面白くならないのだ。ビデオはあくまでも参考資料。こうやって、ああだこうだと言いあっているのがじつに楽しい。半分呆れ顔でオジサン、オバサンたちの話を聞いている若手の顔がまた面白い。こうして俳優には何かが残っていき、何かが失われていくのだよ。なかなかないでしょう？ こういう現場は。

④ **稽古場日記○月○日**

一昨日（十九日）、『審判』の劇場入り前の稽古が終了した。芝居の出来はかなり良い。初演とは幕構成を変え、ぐんとテンポアップさせた。初めてヨーゼフ・Kを演ずる斎藤歩も良い。初演時の笠木ヨーゼフとは違ったテイストで、甲乙つけ難い。笠木誠は今回は斎藤ヨーゼフにプレッシャーをかける役に配された。

『審判』の初日は十二月七日だから、二週間先となる。俳優たちにはどうか今の感じをキープしておいてもらいたいと思うが、それまでに『城』の稽古、『失踪者』の本番を通過するのだから、初日にはきっと今とは違うものになっていることだろう。

私の経験で言うと、稽古というものは同じ日数を費やしても、途中にインターバルがあって、とびとびのほうが、びっしりと連続してやるより効果があると思う。三十回の稽古をひと月でやるより、三カ月で十日間ずつやったほうがいい。稽古のない間に観たもの、読んだもの、話したこと、会った人など、それらの経験が役を演ずることに影響を及ぼすからだろう。つまり、稽古のない間に芝居や役に対して客観的になれるのだ。

とはいっても、現実的にはそういう稽古日程はなかなか組めない。非効率で経済的ではない。よっぽど強固な劇団制をとっている集団なら可能だろう。あるいは、俳優に余裕があればできる。日本の現状ではまず不可能だ。そういえば、ルイ・マル監督の『42丁目のワーニャ』というお気に入りの映画がある。それは年に一回だけ俳優仲間が、ニューヨークの今はあまり使われていない劇場（稽古場？）に集まって、チェーホフの『ワーニャ伯父さん』の通し稽古をやるのだ。ちゃんとした衣裳を着るわけでもなく、照明や音響が入っているのでもない。俳優たちは通し稽古の前や幕間に「最近、何が面白かった？」とか「よくテレビに出てるね」とか「あの演出家はどう？」とか雑談をしている。そして、終幕まで演じたら、軽く飲んだ後、それぞれ帰路につく。「じゃ、また来年」と。ああ、いい映画だったなあ。

今回、そのある程度のインターバルを置いて稽古するということが、三部作連続上演という企画のお陰で期せずして実現してしまった。だいたい一つの作品を三〜四日間やって、別の作品の稽古に移る。じっさいは俳優たちもスタッフもしんどい目に会っているし、じつのところ私も明日からは頭を『審判』から『城』にチェンジしなければならないので、なかなか大変なのだが、俳優たちの演技は一本の作品の稽古をずうっと続けている時よりも格段に「積み重ね」が見られる（ように思える）。

ま、数多くの着替えや舞台転換の段取りが定着しなかったり、「あれっ、なんでここにこのドアがあるの？」とか「なんだ今の〈間〉は？　誰か出てきてないいんじゃない？　誰？」とか、毎日思いがけないことが稽古場で起こっている。三部作連続上演の弊害でもあるが、私は今のところニヤニヤしている。じつに楽しい。

⑤　稽古場日記〇月〇日

大学の芸術学科でセンセイをやっていると前に書いたが、ちょうど十二月の「卒業舞踊公演」のパンフレットの原稿を頼まれ、書いたので、今日はそれを転載。

「体の利く役者になるために舞踊をやりなさい」

私はちょうど今、カフカの小説を基にした作品の稽古の最中なんですが、稽古時間の半分をダンスとムーヴィングに費やしています。かれこれ十年以上続けているこのカフカ・シリーズでは、膨大なテキストからセリフを立ち上げる作業（いわば劇作ですね）と、空間を役者の身体で作りだす作業（ま、舞踊化といいましょうかパフォーマンス作りですね）を同時進行させているんですが、確実に言えるのは動ける役者のセリフのほうが面白いということなんです。体は動かないがセリフだけは上手いという役者はいないんですね。

私の作品の場合、優れたダンサーのように踊りが飛び抜けて上手いという必要はないんですが、体が動かない役者の芝居は面白くない、これは間違いないですね。もちろんリアルに考えると世の中は体がよく動く人間ばかりで成り立っているわけではないですから、日常的な生活空間で現実的な物語に終始する芝居なら体の動かない役者たちだけでも成立させることは可能です。しかし、やはり舞台はあくまでもフィクションですから、その物語を遠くまで飛ばしたり、大きく変形させたり、非日常的な地平まで持って行きたい時には、どうしても動ける役者というのが必要になってくるわけです。三十年以上も演劇をやって来て、その感はますます強くなってきました。欲しいのは「体の利く役者」だと痛切に思います。

この大学に来てから十年経ちましたが、こいつは面白いと思った役者の卵たちはほぼ例外なく舞踊をやっている（あるいはかつてやっていた）人たちでした。もちろん、身体訓練（体作り）という意味合いもありますが、それ以上に舞踊の発想というか「抽象」を作り出す作業を面白がれる才能が演劇にも必要なんです。最近は演劇もやり、舞踊もやるという学生が減ってきているように思えます。とても残念なことですね。

⑥ 稽古場日記○月○日

劇場入りした。『失踪者』の舞台稽古そして初日本番を迎えるまで後、三日。芝居づくりの最後の仕上げと言えるが、自分の劇場を持っていない限り、この三日間くらいが演出として最大のエネルギーを要する時間だ。稽古場でやってきたことを短時間のうちに劇場（舞台と客席）という器に盛り付けるのだが、往々にして、はみ出してしまったり、寸足らずになってしまったりするものだ。稽古場では成立していた場面が劇場ではどうもしっくりこないとか、その逆に劇場でやってみて初めて上手くいったりとか。

したがって、劇場に入ってから作る場面がかなり出てくる。初日の直前にセリフを増やしたり、削ったり、まったく新しい場面や役が出現することもある。「ごめん！　この場面なくします」などということもたまにあり、楽屋で涙を流す役者もいたりする。そんな時の私はほんとうに嫌な人間で、情け容赦もない鬼である。ま、今回はMODEとしてはぜいたくに劇場とほぼ同じサイズの大きな稽古場で三週間近く稽古できたから、被害者はそう多くは出ないと思うが、これだけはやってみなくちゃわからない。今日はまだ舞台装置の建て込みの段階だったが、客席にじっと座っていて、幾つかの変更点が頭に浮かんだ。明日からが楽しみである。

⑦ 稽古場日記○月○日

やはり公演が始まってしまうとなかなか書けないものだ。毎日、ブログを更新している人は偉いなあと思う。三作連続上演ということで、毎日の舞台をチェックしながら、次の作品の準備をしているので、この十日間はなかなかハードだった。もちろん、スタッフや俳優は超ハードな毎日である。ま、それでも公演終了後はほぼ毎日、高円寺で飲んでいる。『失踪者』だけ出演の大崎由利子さん、太田緑ロランスさんとの小打上げや、昨夜は『審判』で出演が終わる宮島健さん、西田薫さんとお疲れさんのビール。そして、観にきてくれた友人や出演者たちと飲んでいる。楽しい。

さて、今日から最終演目の『城』の仕込である。俳優たちは三週間ぶりの全体で、それぞれ家でぶっ倒れていることだろう。私は朝から、『城』の図面とにらめっこしていた。今年三月にあうるすぽっとで上演したとはいえ、劇場空間がまったく違うので、その対策というか作戦を練っていた。そして、夕方に劇場入りして、立ち上がった装置の間を歩き、明かり合わせを客席の後ろのほうから眺める。

『失踪者』『審判』はあっという間に終わってしまったが、チラシに書いた目論見のひとつ「テンポアップと上演時間の短縮化」は達成できた。その結果、表現のエッジが鋭くなったのではないか。『失踪者』は渦に巻き込まれてどこかに消えていく主人公の話だが、渦のぐるぐる回るスピードが速くなった。『審判』も周囲が主人公を追いつめる速度が速くなり、圧力も強くなって、グロテスクさが増したように見えた。

⑧ 稽古場日記○月○日

三本目の『城』の幕が上がった。初日は、初日ならではの緊張感のある良い出来ではあったが、演出的にはまだ詰めが甘くもっとよくなるはずと、二日目も十四時開演なのに、いわゆる「ダメ出し」と細かい修正作業をした。俳優もスタッフも体力の限界の中で、よく付き合ってくれたことにほんとうに頭が下がる。ほんのちょっとした出入りのタイミングや立ち位置の変更、音楽や照明のきっかけを直すだけで、舞台の印象がグッと違ってくる。演劇は全くもって「生き物」だから、メンテナンス作業を怠るとあっという間に質が落ちていく。

とくにこのカフカ・シリーズはどの作品もが集団のアンサンブルで形作られているから、それがとても重要になってくる。少人数で俳優個々の力量が問われる作品の場合もメンテナンスは必要だが、俳優自身の経験や俳優同士の相互チェックによってある程度劣化を防ぐことも可能だ。ところが二十人を超えるアンサンブル芝居の場合は、出演している俳優が全体を見渡して、客観的になるということはほぼ不可能。「心をひとつにして」というのは理想ではあるが、そんなことはなかなかありえないし、いささか気持ち悪くもある。一人一人が個性を埋没させず、それでいてある時は一群の「民衆」になったり「役人」集団になったり、つまり「個」と「マス」を自在に演じ分ける能力が俳優には必要になってくる。

それに関しては、やはりこのカフカ・シリーズを長年にわたって担ってきてくれたベテラン俳優たちの能力は長けている。俳優でありながら、演出的観点が身に付いている。彼らの存在なくしてはこの三部作上演という無謀はできなかった。演技だけでなく、たとえば「場面転換」の際の道具や俳優の出入りについて常に気にしてくれて、交通整理員をしてくれている「影の演出部スタッフ」でもある。彼らの存在がとても心強いし、つまるところ、こういう人材が集まってくれていることが「ＭＯＤＥ　カフカ・プロジェクト２０１３」の本質なのだと思う。

⑨　稽古場日記○月○日

三部作連続公演の幕が下りた。ハードな日程の中、けが人もなく、脱落者もなく、千秋楽まで辿りつけたことをありがたく思う。すべてのスタッフとキャストに感謝する。そして、劇場に観に来ていただいた多くの観客の皆様に心からお礼を言いたい。

『城』の中に「長い道のりでした」というセリフがある。城から測量士の元に派遣された助手たちがいうセリフで、じっさいにはたいして長い距離をやってきたわけではなく、自分たちの仕事ぶりを誇大に報告して言うのだが、このＭＯＤＥ　カフカ・プロジェクト２０１３のプロセスは誇大ではなくほんとうに「長い道のり」だった。

今回の座・高円寺での公演の稽古に関してだけでも、五月からワークショップを数回重ね、九月の下旬から本格的な稽古に入った。三種の演目の稽古は大変だった。数日おきに演目を変え、その度にセットを飾り替え、家具や小道具を総入替えした。井手さんの振付によるダンス・シーンも各作品につき三〜四つあり、私が演出する集団パフォーマンスやムーヴィングの場面を合わせると「セリフのない身体表現」は三作品で二十場面くらいあった。もちろんセリフの量も、今回これまでのバージョンの中で一番短縮したとはいえ、膨大なものであった。

さらに三年前から、この三部作の準備（若手俳優のトレーニング）として、カフカの短編小説を題材にした『あなたに会ったことがある』（二〇一一年）、『あなたに会ったことがある・2』（二〇一二年）を上演し、そのためのオーディション・ワークショップを何度もやってきた。そして、そもそものスタート地点である『アメリカ』の初演（二〇〇一年）から数えるとなんと十二年！

ある演劇雑誌の編集者が、「このような企画を一劇団にやらせるとは！　公共劇場は何をしている！」と怒ってくれていて、ちょっと嬉しかったが、ま、公共劇場がやってくれなかったから決行したわけではなく、やりたかったからやったまでである。公共劇場である座・高円寺にはずいぶん協力していただいた。座・高円寺なくしては実現できなかったことは確かである。

もちろん、当初の予想通り一劇団でやるには無謀な企画だった。それに、劇団といってもMODEは固定メンバーがいる集団ではないから、ほんとうにキツイものがあった。何がキツかったかといえば、ずばり「経済」。まだ終わったばかりで、精算の最中だが、ちょっと怖くて書類の数字に目を通せないでいる。しかし、これも覚悟の上でやったこと。馬鹿を承知のこの稼業、である。良い歳をした大人の発言じゃないが……。

いずれにせよ、今回ほど現場の関係者の力を心強く思ったことはなかったし、観客の存在をありがたく感じたことはなかった。このような集団創作の舞台表現を面白いと思ってくれる人々がいる限り、もう少しやり続けてみようと思った。しばしの休養の後に。

「ほとんど不可能であって、まるきり根拠がないにせよ、二度と忘れないような希望」
（カフカ）

この「演出家の独り言」はこれでひとまず終わりにしたい。
ありがとうございました。また、お会いしましょう。

（ＭＯＤＥ『カフカ・プロジェクト２０１３年／三部作連続上演』ブログより）

6　ワークショップとカード式演出術でカフカ劇に挑む、松本修の世界

演出家の松本修は伝統ある新劇の劇団「文学座」の俳優を振りだしに、一九八九年には自らの主宰により劇団MODEを旗揚げ。チェーホフやベケットの戯曲などを素材に、即興的な演技でつくりあげた断片的なシーンを構成する手法で小劇場演劇を発表し、注目を集める。一九九七年、世田谷パブリックシアターのアソシエイトディレクターとなったのをきっかけに、公共劇場でのワークショップによる創作に力を入れ、中でも二〇〇一年の『アメリカ』（〇三年再演　世田谷パブリックシアター＋MODE公演）に始まり、『城』（〇五年　新国立劇場公演）、『変身』（〇七年　MODE公演）、『審判』『失踪者』交互上演（〇八年　世田谷パブリックシアター＋MODE公演）と続いたカフカを原作とする連作は高い評価を受けている。カフカ劇に至る松本の歩みと、その独特の演出手法について聞いた。（聞き手　内田洋一）

――そもそもどうしてカフカを取り上げるようになったのか、そのきっかけからお聞きしたいと思います。

一九九七年にオープンした世田谷パブリックシアターの芸術監督だった佐藤信さんに劇場のアソシエイトディレクターとして呼ばれたのがきっかけです。ぼくはワークショップを用いて舞台を作ってきて、また全国のあちこちで演劇ワークショップを開いていたので、佐藤さんはそれに注目されたようです。

演出を始めたとき、台本をそのままなぞるのではなく、稽古場で小さな習作、フランス語でいうエチュードをいくつも作り、どのようにテキストを舞台化すれば面白いかを探っていました。ソーントン・ワイルダーの『わが町』を原作にした『わたしが子どもだったころ』という作品を作ったときは、地方公演を行なう際に自治体の公共ホールと連携し、公演前に市民を対象にしたワークショップをやり、市民の参加者の中から十数人を選抜して群衆役で舞台に立ってもらう試みもしていました。佐藤さんはそうした活動や創作方法を新しい劇場に取り入れたいと考えていたようです。

それで世田谷パブリックシアターで高校生のためのワークショップなどに関わるようになりました。同時にレパートリーの選定に際して、どんな舞台をやりたいかレポートを書いてだして欲しいと言われた。劇場では、自分のカンパニーではできない、試みたことのないものができそうだと思ったので、ブレヒトやカフカを提案しました。実現したのはブレヒトの『ガリレオの生涯』が先でした。

カフカの『審判』や『城』は海外では戯曲にもなっていますが、『アメリカ』は戯曲化されておらず、いわゆる「不条理」というレッテルも貼られていない。教養小説的なストーリーの面白さがあり、それでいてやはりまぎれもなくカフカ独自の世界がある。俳優としてこの小説をどう読むのか、人物の行動、関係性をワークショップで時間をかけて作り上げたいと思いました。アソシエイトディレクターになって四年目にようやく企画が通って『アメリカ』公演が実現したのです。

——松本さんは、はじめ文学座という新劇の劇団にいらっしゃいました。一九八〇年代初めの当時は、小劇場運動が最後期に入っており、東京の演劇界には非常に多種多様な演劇形態がバラバラに存在していました。松本さんは、その中でMODEを立ち上げ、ワークショップ形式で作品づくりをはじめられたわけですが、ワークショップという方法をどのようにして発見されたのでしょうか。

日本の演技は、作家と演出家と劇団によってさまざまに異なるやり方があります。が、大きく分ければ、ぼくが属していた文学座をはじめとする新劇のリアルな演技と、それを批判していたアンダーグラウンド演劇の演技に分けられる。ぼくが弘前大学にいたころ、学生劇団をやっていた先輩が新劇はもうダメなんて言っていましたが、ぼくはその新劇を見たことさえなかった。スクリーンで活躍していた松田優作、桃井かおり、原田芳雄といった魅力的な俳優は新劇出身だし、まずはちょっと知ってみたいと思って、冷やかし半分で文学座に入りました。でも、学生劇団のアングラ風の演技が体に染み付いていて、文学座研究生の頃は腰を下げて大声をだしていましたが（笑）。

――腰を下げて大声をだせば、いわゆるアングラ風の絶叫型の演技になる。それをとがめられた？

そうです。もうちょっと自然に喋りなさいと。文学座には代表的な女優だった杉村春子以下、太地喜和子、江守徹、北村和夫らの洗練された演技がある。間近に見ていてやっぱり上手いなあと思いました。

――つまり、ナチュラルな演技を再認識し、再評価したという経験があるわけですね。

そうですね。実際自分はなかなか上手にできないわけです。文学座の中でも上手い人とそうでない人がいて、ぼくは後者でしたが、自然な演技の上手下手の違いはとても面白い発見でした。あくまで自然に演じていながら、たとえばある瞬間に太地喜和子の集中力のギアが入ると、違う演技の次元にいって、全然ナチュラルじゃない。ギアが入った時の演技、方法論はアングラの優れた女優だった李麗仙や白石加代子と変わらないのではないかと思いました。

新劇女優の最高峰だった杉村春子さんにしてからが「あなたたち自然じゃないわよ」と若手に注意しながら、自分の演技は自然を超えていた。当時七十歳を超えていたのに『女の一生』という芝居で十七歳の少女を演じていたわけで、それは決して自然なことではない。

――八十七歳で少女を演じましたからね。

舞踏の大野一雄がバレリーナのような乙女になるのに近いとさえ思いました、杉村さんは七十代までは、作り声で少女をやっていたんですが、最後から二回目の『女の一生』の時から低い地声でやったんです。ぼくは東横劇場で観て、ゾクッとしました。その頃、ぼくは杉村さんの相手役をやったこともあって、聞いてみたら「声をつくらなくてもいいということに何十年もやっていて今気付いたのよ」と言われた。凄いなあと思いました。

新劇にもそういう凄い俳優がいるし、たとえば、新劇のナチュラリズムを批判していた鈴木忠志さんのカンパニーで育った人たちの中にも逆に型にはまった演技をする人もいる。ならばもはやアングラの演技も疑っていいのではないか、と考えるようになった。それでぼくは稽古に入る前の段階でお互いの演技を検証しあう必要性を感じ、それがワークショップの発想につながっていったのだと思います。

――杉村春子さんの凄さにふれたことで、演技の始原、魔の時間とでも言うのでしょうか、そういうものに体で気が付いたということになるのでしょうか。

そうですね。俳優の卵だったぼくはそういうことばかりに興味があって、そこから次第に演出に関心が向いていきました。魅力的な演技はどうやったら作られるものなのか。メソッドによってなのか。俳優の側からすると、演技の再検証、再点検ということに関心が向いていきました。

ＭＯＤＥを結成したころ、東京では即興で舞台を作る手法が他の集団でも試みられていたのですが、そうした集団の一つから女優が公演に参加してくれたことがあった。でも、自分の集団の演出家と作り方が全く違うというので途中でノイローゼ気味になって。「セリフと演技をいつ決めるんですか?」と聞かれ、「決めないんだよ。君らはどうしてるの?」と言うと、私たちは即興で作るのはある段階までで、それをテープに録ったり演出を記録したりして、最終的にセリフも演技も決めるというんです。「ぼくは舞台の楽日までずっと決めずにやり続けたいんだ」と言ったら、冗談じゃない、私は辞めると(笑)。

――ワークショップでは、新聞記事の断片からシーンを作ったり、チェーホフの台本を素材にいろいろなシーンを演じたりしていましたね。

たとえば『会社の人事』という作品ではオフィスのOLと上司が不倫した挙句、その上司は結局若い女に捨てられてしまうというエピソードでワークショップをやり、チェーホフの『ワーニャ伯父さん』の枠組みを借りて、ひとつの場面をつくりました。MODEの初期は毎日配役を変えることもあったから、俳優はすべてのテキストを頭に入れておかなければならなかった。相当な稽古期間が必要でしたね。

小劇場の劇団でしか芝居をしたことがなかった男優がいたのですが、チェーホフのトレープレフの台詞がうまくしゃべれなかった。それで彼の経験に照らして、この台詞は今の演劇界に対する反抗と同じだから、そのつもりでいったん全部自分の言葉で言ってみろ、と。彼は「今までは台詞をただ丸暗記してたけど、なんだかわかったような気がする」と言って、見事にテキストを喋れるようになった。

――「見事に」というのは「自然に」ということですか？

自然に、というか、俳優自身が喋っているように聞こえるということです。チェーホフのトレープレフとして喋っているのではなく、俳優がトレープレフの言葉を借りて自分の思いを喋っているということです。ぼくは、演技が目指すところはそこなんだと思います。ワークショップは俳優が自分として喋ることができるようにしていく作業であり、そのための場になっていきました。

――MODEでやってきた作業と世田谷パブリックシアターで始めたワークショップは連続したものととらえていいのですか？

連続していますが、参加する俳優が違っていた。劇場プロデュースになったことで、ぼくの仕事のことは知らないけれど、ワークショップに興味を持った俳優たちが加わった。いわゆるアングラ小劇場系のキャリアのある俳優が参加してくれてうれしかったです。六〇年代の小劇場運動を立ち上げた世代の人たちは、実は新劇の教育を受けた経験のある人が多いんです。たとえば舞踏の麿赤児さんも新劇のぶどうの会にいたことがあり、酔っぱらうと「俺はよう、アングラじゃねえんだよ、新劇の正統派なんだよ」と言う。そういう人たちとのほうが仕事をしやすくて、むしろ新劇の経験のない人と組むことのほうが大変でした。

世田谷パブリックシアターでは、まずチェーホフの『プラトーノフ』、次いでブレヒトの『ガリレオの生涯』を演出しました。これらには多忙な俳優も出演していたため、ワークショップをやろうとしてもなかなか全員揃わないわけです。それで参加できる俳優たちとのワークショップを続け、演劇のテキストではなく、ゴダールのシナリオを取り上げたりしていました。ゴダール特有のちょっと哲学的な「あなたは俳優でしょ。あなたが昨日舞台で喋った台詞を言ってみて。今あなたが私に愛してると言った言葉とどこが違うの?」といった演技論の入ったテキストなどを使いながら遊んでいました。

ワークショップを一年かけてやっても、この方法ではこの俳優の良さはでないなあ、ということも当然でてくる。そうなった時はその人を劇の中で浮いた存在でないように見せなくてはならない。なるべく統一した世界の中にいられるようにするためには、構成や演出を工夫することも必要だということも、このワークショップの中で考えるようになりました。
そういう作業の延長線上で何か作品をつくりたいと思った時、ぼくの中ではじめに劇場に提案したカフカがもう一度思い浮かんだのです。

――カフカでどのようなワークショップを試みたのか、具体的なプロセスを教えてください。

『アメリカ』は一年かけたのですが、一週間～十日単位の事前ワークショップを四、五回実施しました。集中してやるのではなく、インターバルを置いていったんそれぞれ自分の劇団などに戻り、また集まって前回の続きをやるというやり方をしました。日本の演劇システムだと、稽古期間を細切れとはいえ一年も取るのはまず不可能です。それをまがりなりにも実現したことに意義があると思います。

実は、『アメリカ』の主人公のカール少年役にはある俳優が決まっていたのですが、事前ワークショップが終わっていよいよ本稽古の初日という日に怪我で出演できなくなりました。ワークショップでは決まっていたその俳優以外に女性も入れて六、七人のカール候補がいて、みんなカール役の稽古をしていたので、発想を転換して、複数の俳優で演じ分けたらどうだろうと。結果的に舞台での場所の移動と時間経過のことを考えると、一人で演じるよりも面白くなったと思います。

――演劇というのはつくづく面白いですね、トラブルから新鮮なアイデアが生まれる。『アメリカ』のオーディションについてはどのように行なわれたのですか。

まず、ぼくと一緒にやった経験のある俳優を何人か集めました。それから公募で二百人ぐらい来たので、書類選考とオーディションで五十人に絞ってから、小グループをつくって具体的にカフカの小説の断片を演じてもらい、選考していきました。それは演技の質を確認するというより、このやり方に向いているか、不向きなのかを見るためです。会話の部分をセリフ、地の部分を卜書きとして演ずるというような従来の台本の覚え方ではなく、テキストから色々と発想して場面を立ち上げ、いくつかの演技のパターンを試すことを面白がれる俳優を選びました。なるべくその演技パターンの幅が大きいほうがいい。正解を求めるのではなく、失敗を恐れず、自分をさらけだして実験のできる人。

さらけだすといっても、自分をそのモードにもっていくという意味です。本当に裸になることはどんな俳優だってできない。ぼくはよく言うのですが、エチュードをやってみて見ている全員がたとえ白けたとしても、それでいいんだ、と。俳優がそのことに自覚的で、その場の空気を共有できているかどうかが大切なんです。最終的に二十六人が決定し、四回の事前ワークショップに入りました。

加えて本がきちんと読めることも条件になりました。シェイクスピアなら、感情なしで読んでも全部セリフに書かれているから何とかなりますが、カフカは解釈が一様ではありえない。たとえばヨーゼフ・Kはそう言いながらも、こういう行動をした、とか、矛盾があるわけです。それを探るのを面白がれる俳優でないと困るわけです。

――たしかにカフカは謎めいていて、首尾一貫しない会話もある。

カフカの文章は「あたかも◯◯のように彼は」という表現をとらない。たとえば、ある人物が驚いて一歩後ろに〝飛んだ〟と書く。〝飛んだように〟驚くんじゃなくて、実際に飛ぶんです。カリカチュアされているというか、ドタバタ劇のような突拍子のなさがあって、それが面白い。飛ばずに自然に演ずる俳優ではなく、とりあえず飛んでみる俳優が必要です。カフカに限らず、「彼はそこに置いてある椅子のように固まっていた」とあれば、本当に椅子になってみようとする俳優は面白い。

——カフカのテキストをとりあえずやってみて、何かを発見しようということですね。

はい。そういうことをしながら、ぼくの頭の中で配役は大まかに決まり、ぼんやりとした構成表ができてきます。これは舞台でやれそうだなと感じたシーンをピックアップして手書きの表をつくっていく。

それをどう組み合わせるか考えながら、三回目のワークショップあたりからは、いくつかの配役グループに分けて実際にやらせてみて、お互いに見せ合う。同じテキストなのに動かないで台詞だけを言うグループもあるし、その逆のグループもある。お互いに影響を受けながら、色々なやり方を探っていく。それを見ながらぼくも場面として成立するかどうか吟味していく。

さらに狭い空間がいいのか、あるいは広い空間がいいのかといったぼくの中にあるぼんやりとした美術のイメージを試してみる。俳優にやってもらいながら、四畳半ぐらいの狭い空間に十人が集まるとどうなるか、広い空間ではどうなのかなどと探ってみる。四回の事前ワークショップは、そういう演出についてのさまざまなデッサンをする場でもあるわけです。

――カフカは戯曲ではないわけで、そのままだと芝居にするのは難しい。どうつくっていくのでしょうか。

まず長い小説の文章をブロック分けします。それは必ずしも小説の章立てと同じではありません。一章の残り三分の一と二章をくっつけて一つのシーンにしてみるとか。また、屋敷の中のシーンが四つ五つに分かれて描かれているところを一つにして、たとえば居酒屋のシーンにまとめたりする。それを俳優たちに構成表で見せる。そうすると俳優はそのシーンの中から面白いところやできそうな場面を選んでやってみるわけです。

小説では全くセリフがないシーンでも、会話を創作してしまう場合もあります。中年の男たちが飲み屋でする会話はこうだろう、というようなことを人生経験がある俳優は即興でつくりますが、若いとうまくいかない。そういう場合は「上司の悪口でも言ったら?」などとメモを渡して作ってもらうこともあります。

――最終的にそれらの断片が上演台本という形になるのですか?

上演台本といっても、ブロックごとの登場人物やセットやできごと等をハガキ大のカードに書いているだけです。たとえば『城』の場合は当初50ブロックほどありました。ここは芝居になりそうもないと思ったらボツにし、ところどころ一つにして、最終的にカードを30枚ぐらいにした。『審判』では「ヨーゼフ、銀行でぐったりする」などとタイトルをつけ、原作では上司と副頭取代理だけの場面だが芝居ではそこは銀行員を交えて七人でやりたいとか、原作では室内だが群集を背景にして街の広場の設定でやってみようとかいうメモを、ワークショップをやりながら少しずつ書き留めていきます。

あと道具のことを書きます。椅子と机が何個あるかとか。それと下手な絵ですが、こういう形の家具がほしいと図示したり。そうしたカードを大きい机に順番に並べて、色々シミュレーションしていくんです。「ここでまた銀行のシーンがでてくるとクドイからこれは抜いて」といった感じで、何度もシミュレートしてみます。『アメリカ』の時はまさにそうやって構成していたんですが、『城』と『審判』のときは結局原作どおりの話の順番が一番面白いことに気づいて、あまり順番は変えませんでした。

――Aは上手からでてきて何かをするとか、動きまで書いていくのですか？

それはあまり書き込まない。現場でぼくが指示します。本稽古の時にセットプランが上がってきてから考えます。後ろからでてくるとか、両袖からでてくるとか、なんとなくイメージはしていますが。

――MODE時代もカード方式でしたか？

そうです。評論家の吉本隆明が書いた『マス・イメージ論』が参考になりました。イメージを通じて社会現象を分析していた本です。演出助手などスタッフは台本の形にしたほうが良いと言いますが、ぼくは表や図のほうが考えやすい。カードは大きさを変えていて、たとえば、十分のシーンの大きさは小のカード。二十分のシーンのカードは大のカードというふうにする。それを並べていくと、大きいカードが続くとここは重くなりすぎるから、入れ替えようとか。そうやってバランス、リズムをつくっていく。これは音楽の構成のやりかたとちょっと似ているそうです。

――確かに松本さんの舞台は音楽的に構成されていますよね。

このあたりに動きやイメージのシーンが欲しいなと思ったら、リアルなシーンではなく井手茂太さんに振り付けてもらったダンスで表現しようとか。実際に振り付けてもらっても最終的に重すぎると思ったら「やっぱりナシにして」（笑）ということもあります。最初に読んだ時に面白いと思っていたシーンを入れるのを忘れていたなんてこともあります。俳優から、ワークショップの最初でやっていたあの面白いシーンを何でやらないのかと聞かれてはじめて思いだしたり（笑）。

——松本修のカード式演出術ですね（笑）。

ぼくは構成表と呼んでいるのですが。とにかくスタッフ泣かせです。台本がなくて、きっかけのセリフだけスタッフにノートに書き込んでおいてもらって、音響や照明のキューを入れるんですから。『城』と『審判』では、演出助手が必死になってワープロで打ち込んで、上演台本らしいものは作りましたが、それが毎日変わるんです。ごめんなさい、ここはなくなりました、破いてください、とか。「この構成でいけますよね？」と聞かれ、いったんOKをだしても一晩考えてまたシーンを差し替えたりすることもある。一番スタッフを困らせたのは『審判』でした。上演時間が長すぎることに最後のゲネプロで気づいたのですが、直しが間に合わなくて。本番に入ってからも手を加えて、交互上演していた『失踪者』を上演している間に構成を再度練って、三シーン抜いて二十分短くしました。

――そうだったんですね。ある雑誌の年末回顧の座談会で「もう少し短くできますよね」と言ったのですが、見た日が悪かった（笑）。

たとえば、ヨーゼフ・Kが踊り子の恋人と酒場にいて知り合いの検事に会うシーンでは、ダンスが入っていたのですが、そこはずしました。ところが、一つ削ると場面転換や衣裳の早替えなど全部変えなくてはいけない。構成を変更し、演出助手と舞台監督と衣裳のスタッフとどこまでできるか相談したら、役者が転換もやっているので着替えられないという問題がでたりする。そうするとまた構成をつくり直さなければいけない。役者はまさか五ステージ目から変わるなんて思っていないから、変更した構成表を見せたらビックリしてしまった。役者とスタッフは本当に困ったと思います。ぼくはひとつの芝居で実際に上演するだいたい倍のシーンはつくります。『審判』は最初の通し稽古の時は五時間ありましたが、最終的に二時間五十五分になりました。

――いらないものをどんどん捨てていくということですか？

俳優は稽古中は「どうせなくなるかもしれない」と思っていて、どのシーンが残るのか予想をしていたりする。だいたい初日の二週間前から削り始めます。『審判』が五時間あったのは一カ月前で、早めに手を打って削り始めたんですが、やっぱり上手く絞りきれてないのがゲネプロの段階でわかった。いらないシーンを削るだけではなく、例えば十五分あるシーンを十分にするなど、凝縮して、シンプルにしていく。そのほうがよく伝わる気がするんですね。

それなら、最初からそういう本を書いてくれと言われるのですが、これはまさにぼくのワークショップ、作り方の根幹に関わってくることで、それではダメなんですよ。

——普通はたとえばチェーホフの台本があって、それに基づいて演劇をつくっていきますが、松本さんの場合はまず演技をだせるだけださせておいて、削りに削って記録していけば、それが台本になるということですね。俳優が怒るわけだ（笑）。

そうですよねえ（笑）。カフカの面白さは余計なことやくだらないことを人が延々としゃべることにもあるから、そういうセリフは残そうとか。だけど二度言わなくてもいいセリフは削ろうとか、そういう作業を俳優と一緒にやっていく。そういう作業の中からでてきたもののほうが面白くなるんです。現代舞踊のピナ・バウシュの作り方をワークショップに参加した人から聞くと、膨大なエチュードを踊りにしながら、結局どんどん減らしていくらしい。

場面がなくなっても、それまでに身体で体験したこと、考えたことは絶対に残るという発想のようで、ぼくのやり方と似ているなと思いました。

そういう作業に時間をかけたいのですが、日本の場合は劇場を使ってゲネプロをやれるのはせいぜい本番の二日前からなので、見切り発車をしてしまう。ぼくはそこからダメだしをしたり、新しいシーンを作りたいのに。それができるのが公共劇場なのではないかと思うのですが……。

――松本さんの舞台では、演技の合間合間にでてくるダンスや、あるいは『アメリカ』で使った映画『アンダーグラウンド』のブラスのような音楽が非常に効果を発揮しています。そのアイデアの源をお聞かせください。

ダンスで言うと、『審判』ではラストでヨーゼフが処刑される前の夢のシーンや、街の人々の中をバケツを持った女がゆっくり横切るシーンなどは自分で振付しました。踊りの振付というのではなく、舞台の空間にこう在ってほしいということを色々なやり方で試すんです。

音楽は、MODE時代から一曲残らずぼくが選曲しています。だから音響のスタッフには嫌がられましたよ、選曲させてもらえないわけですから（笑）。『アメリカ』では、東欧ユダヤのクレズマーという音楽を使いました。海外でCDを五十枚ぐらい買ってきてもらって、気になった曲をチェックした。ワークショップの中で試しに曲を流して、それに合わせて俳優にやってもらうこともあります。

ぼくは、演出する時は必ず音響セットを側に置いて、取っ替え引っ替え音楽をかけながら、合うか合わないかその場で確かめます。音楽というものは、もともと構成が考えられていますから、前奏の時は空間を音と明かりで満たして、主旋律が流れだす時に役者がフワーッとでて、間奏の時に散って、エンディングでサーッと消えていく、というふうにイメージできる。それからそこにセリフを当てはめていくこともあります。

シーンとマッチする音楽があればセリフのほうがいらなくなることもある。哀しみを表現するシーンで情感がイメージされる曲が流れると、役者は突っ立ったままでもいい。それが感じられる俳優はセリフがいらないことがわかります。そのほうが観客に想像力を与えることができる場合もある。逆に音楽によって役者にイメージを植え付けておいて、ある段階から音を使わないで黙って居させることもあります。音がなくなっても役者の中には音でつくられたイメージがあるから、ただ黙って椅子に座っているのとは違う身体が見えてくる。

――松本さんの中には、音楽も美術も、あるいは照明も、すべてのものが等価にあって、それを一つのイメージとしてつくっていく感じですね。観客の立場からすると、読者としてカフカを読む時とは全く違う、書かれていない深層心理が見えるシーンがあるということで、そういう〝演劇的カフカ〟になるのが面白いですよね。演劇としてこれだけやってみて、改めて演劇人としてカフカのどこがどう面白いと感じていらっしゃいますか。

カフカの読者から、ぼくのやった舞台には「カフカにはないユーモアと、性的なものを付け加えた」と言われましたが、違うと思います。もともとカフカ作品の中に性的なイメージやユーモアがたくさん書き込まれている。日本でのカフカの読まれ方では、そこが重要視されていなかったのかもしれませんが、演劇的にはそこがとても面白いと思いました。若い頃に『城』を読んで面白く思えなかったのはそこが読み取れなくて、観念的に受け止めていたからだというのがわかりました。

ぼくは演劇には〝ユーモア〟の要素が必要だと思っています。恋愛経験や社会経験がないとカフカに書き込まれているユーモアをユーモアとして受けとれない。実にいいかげんな論理をもて遊ぶ役人や弁護士がでてきて、それがとても面白いと思いました。でも、そのナンセンスな描写はわれわれの生きている社会そっくりなんです。

それからカフカの性的なものの描き方が面白いですね。愛を求めると言っても、精神的な愛と肉体的（生理的）な愛がズレたり、一致しないこともある。報われない恋、報われない性欲がいっぱいでてくる。実際に舞台でやると、女にのしかかり、愛撫しながら「君のところの弁護士はさ」などと言う。舞台でやるとそのズレが直接的に見えるわけです。

――俳優の肉体を通してみると、「なんだ、こういうことだったのか」というのがたくさんあったのでしょうね。

カフカの舞台は、私たちのあり方の鏡として見ることできるかもしれません。赤裸々にとまでは言いませんが、自分たちのことがかなり如実に見える……。

もちろん、文学的な主題にも惹かれます。『アメリカ』や『城』ではカフカの残したアフォリズムとでもいうような断片を字幕で挿入しました。「私」とは何なのか。それは独房の中で高い窓を見つめているような存在ではないのかといった、理由のわかったような、わからないような表現で孤独について書いてあったりしますからね。

あとは、視覚的に、人の容姿、服装、あるいは建物についてなど、物の外見についての描写がとても細かい。カフカがどういう絵をイメージしているのかを想像するのが面白かったです。そうか、そういうものの見方があるんだ、そういう気分のときには街がそう見えるのかとか。ある演出家と話をしていたら、「『アメリカ』は映画ならできるけど、芝居では難しいんじゃない？」と言われたのですが、ぼくはそれを芝居で見せることは可能だと思ったのです。

カフカの小説には眠りのシーンがたくさんあって、朝起きたらこうなっていた、というのがよくありますね。有名なのが『変身』の書きだしで、朝目覚めたら巨大な虫になっていたというものです。けれど「夢ではなかった」と書いてある。「夢だった」ではなく「夢ではなかった」と書いてあるんです。そこがカフカの面白いところなんだと思います。

——『変身』は松本さんも舞台化されています。松本演出は〝虫〟をかぶり物をしたりしないで、普通の生身の人間としてだしていました。それなのに、周りは普通の人間を虫として扱い始める。「お前は虫だ」と言われているうちに、本当に虫に見えてきてしまうという演劇的な怖さがありました。それは今日的な社会問題であるいじめの問題にも通じるところがあると思って拝見しました。本当にカフカ的です。説明してしまえば、ユダヤ人虐殺の問題に繋がっていく、差別とか虐殺という人間の異分子排除の構造が非常にリアルに描かれていました。

ぼくは最初から、あのグレーゴル・ザムザはパジャマを着てベッドにいればいいんだと思っていました。フォーキン演出の舞台を映像で見ましたが、俳優が虫になってベッドの上で動かなくなった場面で、非常にイヤな気持ちがした。異形の形、つまり身体障害者のような演技をして最後には動けなくなって排除される。それこそ差別じゃないか。ぼくは絶対そういう表現は取りたくなかった。

能や狂言の名乗りで「私はこのあたりに住む山伏でござる」といえば、それで山伏になるという、単純な演劇の構造のほうがやはりいいと思いました。「彼は虫になった」と言えばそれでいい。『変身』はカフカが生きている時に出版されましたが、彼は挿絵で虫を使わないでくれと執拗に言っているんです。結局、ドアを覗いて叫ぶ家族の版画が挿絵になった。人はどのような虫であるか色々と想像しますが、結局、どんな虫なのかは書いてありません。そもそも誰が変身したのでしょうか。変身したのはザムザではなく、家族たちだったのかもしれないのです。


国際交流基金「アーティスト・インタビュー：松本修」（二〇〇八年三月）より

第4章

MODEの方法

『城』（2013 年、写真／益永葉）

1　大人げないダメ出し「高校演劇」

大学の「舞台芸術」を専門とする学部・学科に入ってくる学生の演劇的出自（ちょっと大げさだが）を分析すると、高校時代のクラブ活動いわゆる高校演劇の出身者が約半数である。他はやはり高校のダンス部出身、ダンス・スクール、バレエ・スクール、児童劇団、地域の劇団や芸能事務所などに所属していた者が二割ほど、残りの三割は演劇やダンスの経験はほとんどない、といったところではないだろうか。もちろん大学によって多少の違いはあるだろうが、私が勤めている近畿大学文芸学部の舞台芸術専攻ではほぼそんな内訳である。

で、一番割合の多い高校演劇部で生徒たちがやっていた活動内容とはどんなものか？　作られている演劇作品の傾向は非常に多岐にわたっている。既成の戯曲の上演から生徒や顧問の先生が書いたオリジナル戯曲の上演までじつに様々な舞台が作られる。だから、高校演劇出身者の傾向については一概には語れない。……はずなのだが。いやいや、明らかに「高校演劇出身者の傾向」というものが私には感じられる。誤解を恐れずに言うと、私にとってはなかなか厄介な存在が高校演劇出身の連中である。

大学で教えるまでは、高校演劇というものを意識したことはほとんどなかった。一緒に活動してきた俳優やスタッフたちの中には高校の演劇部出身者もきっと混じっていたに違いないだろうし、ワークショップやオーディションを数えきれないほどやってきたから、その参加者の中にも少なからず彼らは混じっていたはずだ。しかし、ああ、彼らは高校演劇の出なんだ、だからああいう芝居をするんだな……というふうに意識したことはほとんどなかった。俳優から演出家に転向して、声が掛りはじめた高校演劇の大会の審査員を引受けた時に初めて、ああこういう演劇があるんだなあとは思った。でも、それは高校演劇というジャンルの中でだけ通用する表現だと思っていたし、今でもそう思っている。なぜなら彼らは顧問の教師に言われるがままに言葉を発し体を動かしているだけで、自ら考えて舞台を作っているわけではないから。「生徒創作」と自称している学校の舞台も、そのように仕掛けられ、仕向けられているだけのことである（これに関しては異論があるとは思うが、あえて耳を傾けない。多かれ少なかれ顧問の指導が入っているのだから、高校生が自主的に作っているのとは全然違うはずなのだ）。

しかし、「高校演劇」が生徒の力だけで作られていないから、価値がないとか、芸術としてレベルが低いなどとは考えていない。その上手さに唸った舞台、手法に刺激を受けた舞台、心から感動した舞台などにこれまでいくつも出会ってきた。

厄介なのは、いわゆる演劇の名門校と呼ばれる「優秀な」高校演劇部の出身者によく見られる傾向で、自分たちが作っていた舞台は広い演劇界の中ではごく一部の者にしか認知されていないのだということを知らないということ。おそらく顧問の先生に教わってこなかったのだろう。やってきたことに誇りを持つということと、「私たちけっこうハイ・レベルなんです」って思い込んでしまうことの違いがわかっていない。

あまりに勘違いがひどい場合、ちょっと意地悪に聞こえるかもしれないが、私は「あのね、そういう演技のやり方、それって高校演劇でしか通用しないよ。なぜ高校演劇で通用してるのか、それはわからないけど。とにかくそういう芝居はおやめなさい」とはっきり言うことにしている。あるいはまったく演技の経験のない学生の素朴な演技と比較して「君の手練れの演技より、彼の芝居のほうが良い。真実味があって、好感を持たれるに違いない」などと、鼻っ柱をへし折るような講評をする。

大学に入ってから、私のような教員の言葉や態度によって傷付いてしまった時、彼らのその後は二つに分かれる。一つは「あ、そうか。自分の知らない物の見方がこんなにあるんだ！　せっかく大学に来たのだから、これまで知らなかったやり方で遊んでみるか」とそれまでの呪縛とか自己規制から自由になって、心身ともに解放していくタイプ。もう一つは「ああ、センセは高校演劇が嫌いなんや。わかりあえるもんだけでグループ作ろか」と開き直ってしまうか、いじけてしまうか、そんな頑ななタイプ。

そんなことは何も演劇教育の場に限ったことではない、どんな学校や職場でもあることだと思われるかもしれない。たしかにそうかもしれない。ただ、これは日本の演劇界の狭さというか、ほとんどの人間が演劇のことについてよく知らないという日本の問題なのではないかとも思えるのだ。

日本人が演劇について、もう少し広くもう少し深く理解していたら、こんな高校演劇だけの特殊な世界など成立するはずがないに違いない。生徒も教師も親も、普段に観劇する習慣があれば、あれらの「高校演劇界だけに通用する妙な方法論や暗黙のルール」は不断にチェックを受けているはずで、今のように存在しないのではないか。たとえば、会話の場面で話し手が対話している相手を後方に置き去りにして、観客席に近づき観客に向って発語する……とか、真っ暗にならず暗転が成立していないのに、仮に「見えない」こととして、場面転換をする……とか。不思議なことがまかり通っている高校演劇の世界。ま、切りがないのでこれくらいで止めておこう。

いまだに日本では小学校・中学校の義務教育、そして高校でも「芸術」の正式な科目としては、音楽と美術しか認められていないのだから、仕方がないのか。演劇はいつか芸術の正式科目になるのだろうか?

2　大人げないダメ出し　「プロデュース公演」

前の項で、日本ではほとんどの人が演劇のことについてよくわかってないと書いたが、これは何も高校生や一般の人に限ったことではない。プロとしてじっさいに舞台に立っている俳優にも言えるような気がする。

日本の現代劇の業界、今はプロデュース公演が主流になっているといっても過言ではない。かつての新劇団（文学座や俳優座、民藝など）、商業演劇（松竹や東宝などの大劇場でのスター中心の芝居、宝塚や新派など）、小劇場（アングラ劇団から最若手の集団まで）が一応、それぞれのジャンルの劇作家・演出家・俳優陣で座組をしていた時代とはずいぶん違って、商業資本の劇場から小劇場、そして公共劇場までが、色々のジャンルから人材をかき集めてきて劇を作る、プロデュース公演が幅を利かせている。

私もいくつかそういったプロデュース公演の演出をやって来た。そもそも私が一九八〇年代の終わりに劇団文学座を辞めて旗揚げしたＭＯＤＥというカンパニー自体が、プロデュース公演のやり方を積極的に取り入れた集団だった。しかし、ＭＯＤＥのスタッフ、キャストはほとんどがいわゆる「アングラ小劇場」出身者と「新劇団脱退組」であった。私がこれから述べるのはＭＯＤＥでのことではなく、文学座に在籍中に出演した商業演劇、演出に転向してから関わったプロデュース公演でのことである。

そこには舞台出身（かつてそれは劇団出身ということに他ならなかった）の俳優もいれば、テレビや映画の映像で名をなしやがて舞台もやるようになった俳優、それに歌手やアイドルやお笑いタレントが加わった座組が組まれる。なぜ、舞台俳優だけで配役しないのか？　答えは明確である。観客を呼ぶためであり、資本の論理である。

こういう配役の場合、劇団出身の俳優や舞台を中心にやって来た俳優にはこちらも遠慮なく「ダメ出し」ができる。舞台の演出家が俳優に出すダメ出しにそう違いはないと考えるからだ。できるだけ「具体性」のある「ダメ出し」をしようと心がけている。

ただ、俳優を職業にしていても、映像中心でやってきた人にはなかなか言えないダメ出しというものがある。いや、言って言えないわけじゃないのだが、言ってしまうと気まずくなる。それでも演技に対する具体的な指示なら、多少の気遣いをしながら言えなくもないのだが、演劇についての根本的な考え方とか創作する姿勢とかについてはじつに難しい。

そもそもそんな偉そうなことを言うべきではない。芸術理念に共感して「プロデュース公演」に出演をしてくれる俳優などいるもんじゃない。そのことを忘れてはいけない。後で痛い目に合う。

かつて、エイッと勇気を出して言ってみたことがある。キャリアもあり、しかもたいへん有名な俳優さんに、学生や新人に話すようなことを言ってしまった。

初日の幕が開いて、数日経っていた。演技が微妙に変化していた。共演者も気づかない程度の変化だったが、演出家としては「許容範囲」を超えていた。

「自分のことを良く見せようとしていませんか？　観客に好かれようと」と言ったら、その俳優は「えっ？」と怪訝な顔をして「どういうこと？」と聞き返してきた。私は「この役は嫌なやつだなあと思われたほうがいいのですよ」と続けた。「人間は状況によっては、なんと我がままに振る舞い、人を平然と傷つけるものなんだと観客に思わせたいんです。作者もそういう意図で書いてます」。

俳優は「台本読んでそんなふうには思わない。作者もそう考えてるって？　違うと思うな」

と反論してくる。この人、稽古中に私の言っていたこと全然覚えてないんだな。私は緊張しつつも、さらに勢いで「それにこの作者は誰か一人を主役にしようとは考えていません。あなたの演技はまるで座長芝居ですよ。商業演劇じゃないんですから」と続ける。「何言ってるのか全然わからない。自分は座長のつもりでやっているし、商業演劇じゃないとすると、これっていったい何？　まさかゲイジュツ？」と、まあ、こんなやり取りがあったように記憶している。

「芸そのものを見せる」のが芸能であり、必ずしも演劇としての構造をもつものではない。演劇であるためにはドラマとしての構造が必要である。（渡辺保『能のドラマツルギー』）

私はここで演劇論をもって説得しても始まらないと思い、すごすごと引っ込んだ。その俳優の出演を望んだのは私でもあり、責任は私にある。当初の演出プランに近付けるよう、様々な方法を駆使して演出したが、結果としては演劇的に妥協した舞台となってしまった。チケットの売り上げに関しては大変良かった。連日、満員の客席であった。さて、その俳優さんの評判はどうであったか？　そしてこの劇の評価は？

3　MODEの「正しい」見方

ふと知らないメロディーを聴いて「ああ、これは何だろう」と惹きつけられることがあるでしょう。それと同じように美しい映像に惹きつけられて「ああ、これは何だろう」と人々に思ってもらえるような映画を作ってみたい。しかし、名前がわからないということは人を不安におとしいれます。新聞やテレビも一年間ぐらい絶対に固有名詞を使わず単に彼、彼女、彼らという主題で事件を語ってみるといい。人々は名前を発音できないために不安にもなるでしょうが、題名も作曲者もわからないメロディーに惹きつけられるように事件に対して別の接し方ができるかもしれません。

（ジャン＝リュック・ゴダールのインタヴューより）

彼が撮りたい映画のような芝居を作りたいといつも思っています。私たちは芝居を作者や演出家や俳優や劇団の名前でつい見てしまいます。あるいは劇中の役名で見てしまいます。でも実際に私たちに見えるのは今、目の前にいる俳優の身体と彼がいる空間だけなのです。チェーホフ作品を観にいらした方には申しわけありませんが、『ぼくの伯父さん』にチェーホフを見つけようとなさらないで下さい。MODEはチェーホフが描いた普通の人間達の普通の姿にしか興味がありません。それが正しいチェーホフの演じ方だと考えています。それでも「チェーホフがこんなに通俗的なはずがない」などと言う人がきっと出てくるでしょう。

先ほどのゴダールの言葉には続きがあります。

「でも今、人々は驚くほど馬鹿になっています。彼らにわからないことを説明するにはものすごく時間がかかります」

（一九九〇年『ぼくの伯父さん』パンフレットより）

4　あれもやりたい、これもやりたい

ＭＯＤＥというカンパニーを二十年前に作ったとき、「自分が観たい舞台」だけを作ろうと考えた。「多くの観客が観たい舞台」ではなく、あくまでも「この私にとって面白いもの」を作ろうと。それまで所属していた文学座では、十年間俳優修業を積ませてもらい、様々な戯曲と演出に触れ、自分の偏っていた知識をかなりの程度補正することができた。ただ、大劇団の「幅広い観客層を想定した芝居作り」には、どこかしら不満が残り、自分はこういう舞台に立つことを夢見て演劇を志したのだろうか、といつも自問していた。

ヌーヴェル・ヴァーグやＡＴＧの映画が好きで、ジャズ喫茶に入り浸って『ユリイカ』の〈シュール・レアリスム特集〉を貪り読み、自分はジャン＝ピエール・レオだと思い込んでいる七〇年代の典型的な若者が、アングラ演劇に初めて触れ、『祭りの準備』よろしく上京したのに、なぜか文学座に入ってしまったというところが、私のなんとも奇妙なところだ。

新劇団を辞め、自分のカンパニーを旗揚げしたのは必然だったのだと思う。ただ、この「文学座経由」の回り道が今の私の基礎体力になっているのは確かだ。

さて、「自分にとって面白いもの」を作ろうと意気込んではみたものの、それを作り出すのはなかなか難しい。たまに自己満足できる何ステージかが出現することもある。公演中にせいぜい一回か二回だ。演劇シーンで注目されることがあっても、自分では満足できないことが多かった。「観たい舞台」がついに現れないまま千秋楽を迎えることも多かった。また、これはいけるっ！と自分では思っても、観客が無反応であったりするとけっこう落ち込んだりもした。「自分が観たいもの」ができたのだから自己満足すりゃいいのだが、ハラができてないといおうか、評を気にして方針がぐらついたりもした。

観客のいる本番ではなく、稽古場で一瞬「観たい舞台」が実現することがある。そんな時は、「今回はこれを観ることができたから満足です」と言って、俳優とスタッフに感謝する。「これを本番でも再現して下さい」とは言わない。きっと裏切られる。お客さんには何とも失礼な話ではあるが、本番より稽古のほうが格段に良いということはままある。演劇という表現の宿命なのだと思う。

ある表現を愉しんでくれる観客がたまたま多ければ大入りになり、時代のニーズとやらに合わなければ客の入りは悪くなる。ああ、今はこんな傾向の舞台が流行っているのだなと時代の趨勢がわかると、わざと違う方向の表現をしてみようとした。反対に、「時代の流行り」に乗ってやったこともある。しかし、評価とは別に、後味の悪さが残った。観客が増えても、あまり嬉しくなかった。

芝居作りのやり方は二十年間ほぼ変わらないが、取上げる材料（テキストや俳優やスタッフ）が数年ごとに、早い時には公演ごとに変わっていくものだから、二十年もやってきたのにMODEには固定の観客がほとんどいない。MODEが好きだという観客を作っては、裏切り、失ってきた。長続きしないファン。というより、長続きしないMODEの傾向。「MODEは変わっていくからMODEである」と嘯いた。自分のカンパニーだからやれることだ。コマーシャルな演劇や公共劇場では、こんなことは許されないだろう。

つくづく自分は小劇場演劇の申し子なんだと思う。観客が多かろうが、少なかろうが、それぞれがやりたい表現を追求していた七〇年代に観たあれらの劇団のなんと尖っていて、カッコ良かったことよ。それらの集団と表現の盛衰を目の当たりにしてきたために、慎重（臆病?）にも、固定メンバーを持たないプロデュース方式のやり方をとってきたが、それが良かったのか、悪かったのかは、わからない。

「ＭＯＤＥはオトナに観てもらいたい。ＭＯＤＥはコドモには観てもらいたくない」というキャッチフレーズを作った。今も使っているが、でも、ほんとうのオトナはそんなこと、あえて口にしないよな、とこの歳になって思う。私はちっともオトナじゃない。

（『悲劇喜劇』二〇〇八年八月号より）

5　世の中の出来事と私の創作

バルガス・ジョサ「身の回りで起こっていることに正義の憤りを感じて、それを断罪、告発する必要性に駆られると、作家の内に潜む政治家が文学をダメにしてしまう。作品が生まれる前から、文学を道具に変えて、何かの役に立てようとしてしまうんだ」

（『疎外と叛逆　ガルシア・マルケスとバルガス・ジョサの対話』水声社より）

私たちは忘れることが得意である。しかし、それにしてもちょっと早過ぎやしないか、と思ったのが「原発」のこと。「再稼働の方針を内閣で決議」というニュースを見て、えっ？と思ったのは私だけではないだろう。もちろん、この三年間の「政治」の成行きを見ていれば、そういう流れだったし、多くの人がやむなしと考えて、熟慮の末にそういう選択をしたのかもしれない。私にはそうは思えないが。普通に暮らしていると新しい情報が日々怒濤のように押し寄せるから、これは覚えておかなくてはいかんなあ、と思っていたことも相対的に印象が薄くなってしまうのは仕方がないのかもしれない。でも、何にも解決していないのに、たった三年で！　これはあまりにひど過ぎる。

震災の直後、都会のネオンは節電のためにずいぶん間引かれ、夜の街は暗くなった。私がよくうろつく新宿も「ああ、まるで東欧の街のようだなあ。これでいいんだよなあ」と思ったものだ。なんだかとても落ち着いて、これを機会に日本もこうなればいいのにと考えたのは、経済のことなど何も考えない、無責任な世間知らずだったのだろうか？　ほんとうにこの国の為政者たち、資本家は何を考えているのだろう？　ヤバイよなあ。

しかし、である。私はこの「違和感」を一市民として痛感してはいるが、それを自身の舞台作りに反映させようとは考えない。

この二、三年、いわゆる「社会問題」を扱った戯曲や舞台が注目されているように感ずる。その演劇的な手法や劇構造への批評つまり表現の問題についての考察は抜きで、ただ「社会性のある題材を扱っている」という理由だけで高く評価されているようなことはないのだろうか？　演劇はあくまでもその表現の質で評価されるべきだと思うのだが、その辺は大丈夫なのだろうか？　どうも「政治や歴史や社会問題に無関心な若い世代なのに、よくぞこの題材を取り上げた、エライ！」という評価のように感じてしまう私は捻くれているのだろうか。

三年前の震災の時に公演の延期を余儀なくされた私の演出する舞台（江戸糸あやつり人形結城座『三島由紀夫近代能楽集』）の再演が昨年にあったのだが、その新聞取材で妙な体験をした。あらかじめ記者が書きたい方向が決まっていたのだろう、私に対して「あの震災で多くの人が亡くなったわけだが、その時にこのような死を題材にした戯曲を上演して、どういう気持ちがしたか？」「今回の再演に当たって、震災とその後のことをどう演出に反映させるつもりか？」といった質問ばかりで、私は「いやいや、あれは偶然でして。そもそも、私は現実の社会で起きた事象やそれに対する私の見解を作品に投影しようとは考えないんです」と答えたのだが……。上演直前に載った紹介記事はしっかり「生と死みつめ　悲願の再演へ」とタイトルされていた。

これはもうずいぶん前のことだが、こんなこともあった。ある大学が刊行する機関誌に私の演出したチェーホフ『ワーニャ伯父さん』の劇評が載った。たしか英米演劇の研究者だったが、私の演出を批判している。劇評で批判されるのはもちろん構わない。問題はその論旨である。この舞台は二〇〇一年の十一月に上演された。つまりあの9・11アメリカ同時多発テロの直後だったのだが、劇評にはこうあった。「第三幕でワーニャが発射するピストルの響きは、現在世界で起きているテロや戦争の爆音と共鳴すべきであり、それが感じられない松本演出の舞台は〈外部〉を意識しない閉じた世界である」と。

えっ、どういうこと?と驚き、何度か読み返したのだが、どうやら評者は真面目にそう考えているらしい。ま、そんな演出もあり得るのかもしれないが、そんな舞台を誰が観たいのだろうか。ああ、この評者にとっては、そういった演出(?)の施された舞台が「現在におけるチェーホフの上演のありうべき姿」なのだろうなと、ムシムシケムシを決め込んだものの、なんだか情けなくなったものだ。これがこの国の劇評の水準なのか、と。

かつて唐十郎さんが近畿大学の舞台芸術専攻の特任教授をされている時、私はその助手のようなことをしていたのだが、ある時講義の終りに一人の学生が唐さんにこんな質問をした。「演劇をやるためにはつねに社会の出来事に対して問題意識を持ち、自分なりの意見を持つべきなのでしょうか?」。唐さんはその学生の顔を見据えてこう答えた。

「もし、君がほんとうに演劇をやりたいのなら、そんなことに時間を使うべきじゃない。自分の下宿にこもって、天井の節穴でもジーッと見つめていたほうがいいよ」。

(『悲劇喜劇』二〇一四年五月号より)

6　戯曲の出現を待つ

「現代を描く」というテーマで原稿を依頼された時に、最初に浮かんだのが、「現代を描こうなんて思わない」というタイトルだった。半分本当で、半分逃げをうっている。

演出という領域に足を踏み入れて二十数年になるが、ことさら「現代を描こう」と意識したことはない。たしかに演出を始めたころは、「近代戯曲の現代化の試み」と銘打ち、たとえば「現在形のチェーホフ！」などと謳っていた。じっさい演出した舞台には今風な「化粧」を施していた。美術や照明や音楽、そして衣裳。それから、これも今風なテキストの「編集」。省略や引用、断片化、デペイズマンなどの手法で遊んでいた。

しかし、それらの舞台は「現代」を描いていたのかというと、そうではないような気がする。テキストの中に今に通ずる現象や人間関係があったときは、結果的に現代を描いた舞台になっていただろう。しかし、現代ではありえないというような場面もあった。私が作ったのは、言ってみれば「普遍的なテーマ」を現代風に表現した舞台だったのだと思う。当時流行っていた用語を使えば「テキストの読み直し」を経た「解体→再構築」というやつだ。

現代劇が必ずしも「現代を描いている」とは限らない。「過去を描く劇」や「妄想を描く劇」というのもある。

今回、この原稿に求められているのは「現在起きている社会現象や現代の人間関係を描いた劇」についてのコメントに違いない。「今という時代を考察した批評性のある劇」。それをどう生み出すか？　今、そういう劇の題材に取り上げるべき問題は何か？　どういった手法があるか？　そういう劇を作る意欲はあるのか？

なかなか答えが浮かばない。そこで、私がこれまでに演出してきた舞台の中から「現代を描いている」と思われる作品を挙げてみた。

別役実『あーぶくたった、にぃたった』『場所と思い出』、竹内銃一郎『恋愛日記』『満ちる』、山崎哲『ゼロの神話』、北村想『屋上のひと』、柳美里『魚の祭』、松田正隆『夢の女』、スティーブン・ディーツ『孤独な惑星』、ジョー・ペンホール『ささやく声』、など。

ここで、ハタと気付いた。そうか、戯曲なのか！と。どれもが創作戯曲だ。私が「現代を描く」には戯曲が必要なのか？

というのも、今挙げた作品の中には私が得意とする（と勝手に自分で思い込んでいる）ワークショップを用いて作る舞台はひとつも含まれていないからだ。どうやら私はワークショップで作品を作るとき、現代を描いたテキストを無意識に外してきたらしい。テキストとして何度も使ってきたチェーホフもカフカも大きく括れば「現代」という範疇に入るのかもしれないが、百年も前の西洋の作品である。厳密に言うと我々が生きている時代の作品ではない。私の場合、テキスト（物語）との距離がある程度とれることが、ワークショップで舞台を作る際の条件なのだろう。もちろんワークショップを用いて、今日の社会現象や人間関係についての劇を作るやり方もあるし、その成功例もいくつか観てきた。ただ、私にはそのやり方は向かないようだ。私と俳優たちとスタッフたち、それぞれの「題材への距離感」が違っているからだと思う。同時代を生きているのに妙な話だが。

それはさておき、これだけ多くの「現代を描いた戯曲」の演出をしてきたということは、じつは私にも現代を描きたいという隠れた欲求があったのだろう。

そう、だから私が「現代を描く」ためには何としても戯曲が必要なのだ。劇作家に良い戯曲を書いてもらわなくてはならない。私は演出者であり、残念ながら劇作家ではない。つくづくそう思う。
現代を描こうなどとまったく思わずに創作していたのに、「現代を描いた」と言われたことがあった。ワークショップで作ったカフカ原作の『審判』。これは百年前のプラハとおぼしき町で誕生日の朝にいきなり逮捕され、一年後の誕生日に処刑される男の話である。たまたま昨年の十二月に上演（再演）したのだが、ちょうど国会で「特定秘密保護法」が成立した直後だったからだろう、観客のかなりの数の人々に「現代を描いた」と受け取られた。演出した私にも、俳優たちにも、この舞台を日本の現在を写す鏡にしようという意識などまるでなかったにもかかわらず、である。私たちはただただカフカのテキストと戯れていたのだ。

「はるかに隔たったものについて、人は最も巧みに語ります。遠方のものを人は最もよく見るのです。この小説はある夢の回想、おそらくけっして現実たりえなかった何者かへの回想です」

（カフカ）

この言葉、現代を描く時のヒントになるのではないだろうか。

（『テアトロ』二〇一四年八月号より）

7　劇作家という不思議な存在

劇作家協会が開催している「戯曲セミナー」の講師を毎年楽しくやらせてもらっている。なぜ楽しいのかというと、自分は演出家であり、戯曲を書く側とは違った立場からのんき気に受講生たちに話せるからだ。講義の内容は「演出家がいかに戯曲を蔑ろにするか、そのじっさい」とか「芝居作りにおいて戯曲は必要か？」といったものだ。良い戯曲を書いてもらいたい一心で、ちょっとしたアンチ戯曲派を演じている。

劇作家大会に呼ばれて講座を担当させてもらうこともあるが、それもなんだか気楽で楽しい。先日の城崎温泉での久しぶりの劇作家大会でも色々な劇作家や多くの劇作志望の人たちに会えて嬉しかった。

本業であると思っている「演出家」の団体である演出者協会が各地でやっている「演劇大学」も、それなりに楽しいのだが、感じる楽しさの質がちょっと違うように思う。私はそこではあまりのんきにいられない。これはたぶん私の自意識がネックになっているからに違いない。つまり、そこで垣間見てしまう自分とは違う「演技に対する考え方」や「演出方法」がついつい気になってしまうのだ。批判や対抗心や嫉妬などという「我執」がむくむくと湧き起こって来て、なんだかとても疲れてしまう。良い歳をして恥ずかしい。

それに比べると、劇作家諸氏との関係はどういうわけだか、心穏やかでいられる。むろん、じっさいに一つの舞台を作るという段になるとそうもいかないのだが、そうでない時は劇作家との関係は極めて良好であり、友好的である。これは舞台美術家や照明家、音響家などいわゆるスタッフの人たちとの関係にちょっと似ているかもしれない。彼らとだって一緒の現場にいるとなかなかそうはいかないのだが、仕事を離れている時はのんき気なものだ。それはきっと「同好の士」だからだ。お互い若い時から演劇やダンスといった世の中の役に立たないものが好きで、一般の人から見たら「無駄な時間」をたっぷり過ごしてきて、その非効率な時間の蓄積のお陰で現在があるよね、という暗黙の了解が成立しているからだろう。

深くお互いの職種や創造の内実に踏み込まない。そういうとまるで上辺だけの関係のように聞こえるかもしれないが、結局、我々のやっていることというのは、ひどく自分の主義や趣向に拘ることで成り立っていて、ちょっとした差異を問題とする領域に関しては近づき過ぎず、深入りしないのが「友好」のためには得策なのだ。という訳で、ある程度の距離がとれる劇作家やスタッフとの関係は気楽なのである。

ただし、困るのは日本においては「戯曲だけ書いて演出はしない劇作家」や「演出はするが戯曲は書かない演出家」というのが数少ないということだ。そして、私がじっさいに話をする劇作家のほとんどが演出家を兼ねている！　でも、彼らの話を聞くのは楽しい。たぶん、私は劇作家兼演出家と接する時には、無意識に彼らの「劇作家」の側面だけを見ているのだろう。

私は「劇作家」という存在にすこぶる興味がある。

劇作家というのは「戯曲」を書く人である。私はよく小説を翻案して構成台本を作ったりするが、戯曲を書くのとは別の行為だと思っている。ワークショップで作った場面を構成してひとつの作品にすることもあるが、これも戯曲を書いたとは言えない。坂手洋二氏などに言わせると「それも劇作です」ということらしいのだが、私は戯曲というものを一から書いたことがない。

劇作家というのは私にとってはいつも尊敬の対象である。そもそも、劇作家には言いたいこと、書きたいことがある。台詞や物語を紡ぎだそうという意欲がある。それを具現化するための技術と根気強さがある。そして書いたものを俳優や演出家というまったくの他人に手渡してしまうという潔さがある。

劇作家は私から見れば不思議な存在でもある。書いた戯曲が必ずしも上演されるとは限らないのに書くということがある。たとえ上演されたとしても、心血を注いだ自分の作品が土足で踏みにじられる可能性だってあるのに書く。

だから、私にとって劇作家というのは「孤独や裏切りに耐えられる強い人」というイメージのアーティストだ。「誤読されることを覚悟の上で書く人」というのはいったいどういう内面の構造をしているのか、興味が尽きない。

劇作家協会の事業に参加していつも驚かされるのは、劇作家志望の人がとても多いという事実だ。自分が戯曲を書きたいと思ったことがないものだから、余計に感心してしまう。私が演劇を始めた四十年前には、こんなにいなかったんじゃないかと思う。書くという行為で、舞台作りに参加するというミステリアスな存在が増殖し続けているなんて、なんだかワクワクする。いずれにせよ、今、劇場でじっさいに上演されている舞台の何十倍、何百倍もの数の「劇の種子」が地中にあるということだ。地上に芽を出してくるのを心待ちにしている。

（『悲劇喜劇』二〇一四年八月号より）

8　お手軽な演劇ワークショップ

二十年間、演出活動を続けてきたのだが、さて、ここにきて考え込んでしまうことがある。果たして、このやり方（ワークショップを使った芝居作り）は今後も継続が可能なのか？と。今、ワークショップで芝居作りをするための「若い役者」が少なくなっているのだ。

ちなみに、今、ワークショップという言葉が演劇界にあふれているが、これは私の言うところの「創作のためのワークショップ」とは全く別の「初心者向けの短期の演劇教室」とでも言うべきものであり、これもまた都合よくワークショップと呼ばれている。あちこちの公共ホールや劇団や演劇雑誌！などが開催している、本来は演劇の普及のためのアウトリーチ・プログラムだ。「創作のためのワークショップ」と区別するために、ここでは「お手軽な演劇ワークショップ」（以下、お手軽ＷＳ）と呼んでおく。

この数年、オーディションにやってくる若い役者たちの経歴を見ると、いわゆる「劇団育ち」じゃない者がとても多い。彼らのほとんどが「お手軽WS育ち」だ。「お手軽WS」の一つか二つを体験した者たちが、堂々と演劇経験あります、と応募してくる。はっきり言って「お手軽WS」では演劇に必要なことはほとんど身につかない。少なくとも私のワークショップの作業には参加できない。対象化し、意識化すべき自分の演技方法がないからだ。中には「劇団育ち」もいるが、最近の若い劇団のほとんどは構成員が流動的で、実質的にプロデュース方式でやっているので、かつての「劇団育ち」とは質が違う。これにいわゆる「事務所系」の役者たちが加わってオーディションが実施されているのが現状だ。オーディションの現場に溢れかえる「等身大の演技＝日常性の垂れ流し」には辟易とする。じつによくこの十数年の演劇状況を反映している。

かく言う私も、かつて初心者向けのワークショップを各地で開催した。我々はこういう方法で芝居作りをしています。従来のやり方とはちょっと違いますよ。興味があったら、MODEの舞台を観に来ませんか。そんな宣伝活動でもあったし、あわよくば参加者の中に「良い役者」を見つけられれば、という下心もあった。だが、結果的にこの「お手軽WS」の隆盛に手を貸してしまい、今そのしっぺ返しを喰らっているのかもしれない。

思えば、私の芝居作りが成り立ったのは、そこに「劇団育ちの役者」が豊富にいたからだ。

アングラ小劇場から新劇まで、育った劇団は多種多様だが、それぞれに演出家や劇作家がいて、その理念の下に活動を展開し、役者は必要とされる演技を叩き込まれ、その劇団の表現方法を通じて演劇を知り、世界を理解しようとしていた。私には彼らの「演劇体験＝演技の知恵」が必要だった。今も必要としている。私はワークショップを用いて芝居を作るが、「お手軽ＷＳ育ち」の若い役者たちとはそれができない。

小劇場の劇団制が緩やかに崩れ（私はこれにも関与したかも……）、新劇の養成所もかつてのように人材を輩出していない。注目の学生劇団の噂もほとんど聞こえてこない。大学の演劇学科に小劇場の現役の劇作家や演出家が教員として出向いてから（私もその一人だ、あぁ……）、かれこれ十年だが、その成果もまだ明確ではない。

私の劇を担う「若手の良い役者」はいったいどこにいるのだろう？　なかなか見つけ出せない。私の役者を探し出す能力が落ちてきたのだろうか？　ふと不安になる。

（『シアターアーツ』二〇〇八年春号より）

と、書いてからすでに十年経った。やはり演劇に対する理念とそれを実現する技術を持った劇団育ちの俳優たちはなかなか見つからない。どこに隠れているのか？

嘆いていても始まらない。面白い舞台を作りたいという私の欲望は衰えないのだから。ただ、この十年間、私は一貫して大学で演劇を学ぶ若い人間を相手にしてきたし、一昨年にMODEの活動を少しばかり休止しようと思った直前まで、俳優志望の若い人たちと「MODEドラマ・スクール」と称して試演会なども続けていた。結局、こういう地道な種まき作業「お手軽ではないワークショップ」からしか「若手の良い役者」は育ってこないのだろう。

二〇一五年から、近畿大学の舞台芸術専攻の在学生を中心にthe nextageという集団を作り、活動を開始している。年に一回、大阪市内の小劇場で公演を打つ。まだ四回目だが、大学を卒業した後も演劇を続けている俳優たちも徐々に参加し始めた。現時点での活動の特色として、ワークショップから創作していくのではなく、あえて既成の戯曲を用いて、台詞を言うことと動くことを徹底して反復させ、「私の好きなタイプの演技」を叩き込んでいる。

それが身に付いた何人かで近い将来、ワークショップを活用した芝居作りにまた挑戦してみたい。

プロセスを端折らずにやっていくしかない。プロセスを端折って失敗した苦い経験を繰り返すまいと強く思う。

あとがき

「演技」についてこの三十年間考え続けてきたことを書いてみました。ついでに三十年にわたってやり続けているチェーホフ作品について、そして手を染めてから二十年近くになるカフカ作品の舞台化について、これまでに書いたり、語ったりしてきたものもまとめてみました。

この手の本、ほんとうはもっと早い時期にもっと上手に書いて、劇場のロビーあたりで売ったりできたら良かったのですが、こんな年齢になってしまいました。しかも、内容は年齢に相応しくない「青臭さ」に充ちていて、しかも非論理的。わかる人にはわかってもらえるかもしれませんが、興味のない人には一文の値打ちもないでしょう。

ただ、こんなことに拘って芝居作りをやってきたオヤジがいて、上手くいった時には当人はかなり愉しくって、俳優たちにも喜びがあって、客席の何割かも愉しそうにしていたぞ、ということを若い演劇青少年たちに伝えたくなったのです。こんなやり方もあるのだよ、ということです。

これまでMODEの舞台と私の演出作品を観て下さった年配の方々にしてみれば、チェーホフとカフカだけに絞ってしまうと、「私の抱いているMODEのイメージとはちょっと違う」とか「俺の好きな松本演出は別の作品群なんだよ」と言った声が聞こえてきそうです。じっさい数えてみたら、この三十年間に演出した舞台は百本を少し超えていて、そのうちチェーホフ作品をテキストにしたものは約二十本、カフカの小説の舞台化は十五本ばかり。つまりチェーホフ、カフカ以外の作家のテキストを使用した舞台のほうがずっと多いのです。しかし、こうして振り返ってみると、やはり私の舞台作りの原点はチェーホフ戯曲にあると再確認できましたし、演出の技術を飛躍させてくれたのはカフカの小説であったとしみじみ思います。

もし今一度、演出や演技について書く機会があれば、その時はチェーホフ、カフカ以外の作家たちの戯曲を使って演出した舞台について語ってみようと思います。T・ワイルダー、T・ウィリアムズ、ベケット、ブレヒト、近松門左衛門、別役実、唐十郎、寺山修司、竹内銃一郎、山崎哲、柳美里、三島由紀夫、等々。

もちろん、関心事はいつもどのような「演技」を用いて舞台を成立させるかでした。成功例などより、失敗例を具体的事実や実名を挙げて述べると本当は「面白いし」「役立つ」のですが……。

あと、「演技」とは関係なくはないが、明らかに存在する「演出方法」についても記してみたいです。演出家なら俳優たちには聞かせられない「演出術」の一つや二つはあるはず。それについて告白したい……、などと「あとがき」を書く段になってアイディアが浮かんできました。次の機会にはぜひ。

本書を書くにあたり、大学の劇団の後輩であり、本を出すことを根気強く勧めてくれた言視舎の杉山尚次君に感謝します。

なお、本書の出版にあたり、二〇一七年度近畿大学学内研究助成金（刊行助成）を受けました。近畿大学に感謝します。

最後にこれまでの創作活動を共にしてくれた多くの俳優とスタッフに心から感謝します。ありがとう。

二〇一八年　春分

[著者紹介]
松本 修（まつもと・おさむ）演出家、俳優。
1955年、札幌市生まれ。文学座の俳優を経て、1989年に演劇集団MODEを設立、演出に専念。チェーホフ、ベケット、ワイルダーなどの海外戯曲を独自のワークショップで再読、現代日本の劇として上演する。1997年より世田谷パブリックシアターのアソシエイトディレクター。同劇場で2001年、1年間にわたるワークショップを経てカフカの小説『アメリカ（失踪者）』を舞台化。以降、カフカ作品を多数上演。読売演劇大賞優秀作品賞、同優秀演出家賞、湯浅芳子賞、毎日芸術賞千田是也賞、紀伊國屋演劇賞個人賞などを受賞。代表作に『逃げ去る恋』『わたしが子どもだったころ』『きみのともだち』『城』『審判』『変身』など。現在、近畿大学文芸学部芸術学科教授。
MODEホームページ：http://www.mode1989.com/

本文DTP制作………勝澤節子
編集協力………田中はるか
装丁………山田英春

ぼくの演劇ゼミナール
チェーホフの遊び方／カフカの作り方

発行日❖2018年3月31日　初版第1刷

著者
松本 修
発行者
杉山尚次
発行所
株式会社言視舎
東京都千代田区富士見2-2-2 〒102-0071
電話 03-3234-5997　FAX 03-3234-5957
http://www.s-pn.jp/

印刷・製本
中央精版印刷㈱

ISBN978-4-86565-117-1 C0074

978-4-86565-095-2

精読　小津安二郎

死の影の下に

小津映画を書物と同様の手法で精密に分析することを主張する著者が小津の代表作を縦横に読み解く。精読することで明らかになるディテールに込められた小津の映像美学の核心、そして戦争と死の影。小津の中国戦跡調査も実施。

中澤千磨夫著　　四六判並製　定価2200円＋税

978-4-86565-024-2

言視舎　評伝選

竹内敏晴

「生きること」を「からだ」で追い求めた哲学者の肖像。人と人との真の出会いを求めた「レッスン」する人・竹内敏晴。彼の背に近代人のあるべき孤独を見てきた著者が、満腔の思いをこめて師の生涯を描く書き下ろし評伝。

今野哲男著　　四六判上製　定価2900円＋税

978-4-86565-071-6

クドカンの流儀

宮藤官九郎論

名セリフにシビれて

笑う作家読本！　脚本家･作家･演出家･映画監督･俳優･ロッカー……天才マルチプレーヤー宮藤官九郎。名セリフの宝庫であるクドカン作品から名･迷言をチョイス、その魅力を味わいつくす。時代を映し出す作品が再び輝きだす。

井上美香著　　四六判並製　定価1600円＋税

978-4-86565-070-9

日めくり「オペラ」366日事典

毎日オペラ三昧するための１冊。作曲家、演出家、歌手、原作者…オペラをめぐるさまざまな人びとの紙上共演。オペラを楽しむ知識・情報を満載し、読者の音楽ライフを充実させる。毎日推薦盤を選定。詳細な索引付き。マニアも大満足。

新井巌著　　A5判並製　定価2500円＋税

978-4-86565-113-3

厳選　あのころの日本映画101

いまこそ観たい名作・問題作

50年代の古典から〝ちょい前〟の問題作まで、記憶に残る日本映画の名作を10のカテゴリーに分類。驚くほど多様な世界から101本を厳選。先がみえない時代だからこそ、あらためて観たい映画をガイドする。さらに１本ずつ「心に残る名せりふ」も解説。

立花珠樹著　　A5判並製　定価1700円＋税